ベビーカレンダー
Baby Calendar

あんしん、やさしい
最新
離乳食
オールガイド

監修●**堤ちはる**
厚生労働省「授乳・離乳の支援ガイド」改定に関する研究会委員

JN199778

新星出版社

はじめに

生まれてからママのおっぱいやミルクで育ってきた赤ちゃんも、あっという間に離乳食をスタートさせる時期になります。成長の喜びを実感しながらも、「離乳食って、何を・どのくらい・いつから始めたらよいの?」と思っている方も多いのではないでしょうか。

離乳期は、赤ちゃんにとって母乳やミルク以外の「食べ物」を口に入れることや飲み込むことを体験する貴重な時期です。

そこでママやパパは、赤ちゃんがいろいろな食べ物や食べることに慣れていけるように適切な知識を身につけて、サポートしてあげましょう。

離乳食を進める際には栄養バランスや進み具合などに配慮しますが、赤ちゃんのペースに合わせてゆったり楽しい気持ちで取り組むことが望まれます。

なお、赤ちゃんもその日の気分で「食べたくない」と感じることもあります。

しかし大人が日ごろから食卓を楽しんでいれば、それが赤ちゃんにも伝わり、赤ちゃんは食べることを楽しむ子どもに育っていくことでしょう。

そのためには、ママやパパは「おいしいね」「よい香りだね」「これはどんな味かな？」などと語りかけながら、和やかな雰囲気で食事をすることが大切です。赤ちゃんと食事の楽しさを共有することが大切です。

これにより子どもの健全な心と体の発育・発達も促されていきます。

この離乳期が、赤ちゃんとママやパパにとってかけがえのない思い出となるように本書が広く活用されることを期待しています。

監修
相模女子大学
栄養科学部
教授　**堤ちはる**

本書の使い方

本書では離乳食の基礎的な知識からレシピまでを分かりやすく掲載しています。
このページでは、レシピページの見方を中心にご紹介します。

栄養素 レシピに含まれている「炭水化物」「たんぱく質」「ビタミン・ミネラル」の3つの栄養素をマークで表示。3つの栄養素が入っていれば、バランスのとれた食事になりやすいです。
※「適量」「少々」や、調味料程度の使用に関してはマークをつけていません

QRコード スマホで読みとるだけで、基本の調理やレシピなどが、動画でカンタンに確認できます。
※QRコードは(株)デンソーウェーブの商標登録です。

主食

トマトのうま味を感じる
タラトマうどん

`炭水化物` `たんぱく質` `ビタミン・ミネラル`

材料(1食分)

ゆでうどん…12g
タラ(生)…10g
トマト…5g
だし汁(p.26)…大さじ2〜3

ポイント

トマトの皮むきは、底に切り込みを入れて沸騰したお湯にくぐらせます。

作り方

1. 鍋に細かく刻んだゆでうどんとだし汁を入れて、やわらかく煮る。煮汁と一緒にすりつぶし、器に盛る。
2. タラは皮と骨をとってゆでてすりつぶし、少量のゆで汁を加えてのばす。
3. トマトは湯むきをし(p.39)、種をとってすりつぶす。
4. 1にタラとトマトをのせる。

材料 使用する食材と分量を掲載しています。
●基本は「1食分」ですが、レシピによっては「2食分」「10個分」など、作りやすい分量にしています。また、分量は目安ですので、赤ちゃんの食欲や体調に合わせて調整してください。

作り方 作り方の手順を紹介。月齢ごとの形状・硬さの目安や、食材の下処理の方法については、p.32〜43も参照してください。

離乳食の進め方について

本書は、厚生労働省が2019年春に改定した「授乳・離乳の支援ガイド」に基づいて製作していますが、各月齢の離乳食の硬さ・形状・進め方などは目安です。個人差があるため、赤ちゃんの様子、成長や発達の度合いを見ながら調整してください。また、食物アレルギーの診断を受けた場合は、医師の指導に基づいた離乳食を進めてください。

離乳食づくりのお約束

■分量について
＊レシピの分量は「1カップ＝200ml（ccと同じ）」「大さじ1＝15ml」「小さじ1＝5ml」となります。
＊赤ちゃんに食べさせるときの「1さじ」は、赤ちゃん用スプーンで1回すくった分量となります。
＊食材をゆでるときの水・お湯などは、分量外となっています（材料部分に記載していません）。食材が十分にかぶるぐらいの水分量を目安にしてください。
＊材料のグラム数は正味量（種や皮などを取りのぞいた食べられる部分の量）です。
＊「育児用ミルク」とあるものは、市販の赤ちゃん用粉ミルクを規定の水量で溶かしたものです。牛乳や豆乳のほか、9か月ごろからはフォローアップミルクなどでも代用できます。時期や水分量などは、適宜調整をしてください。

■火加減について
＊「弱火」とは、鍋底に直接火があたらないぐらい、「中火」とは鍋底に火の先があたるぐらいをさします。
＊レシピ内で特に記載がない場合、弱〜中火で調理をしてください。

■電子レンジ・オーブン・トースターについて
＊電子レンジなどを使用する際は、必ず対応の器をお使いください。
＊電子レンジの加熱時間は600Wを基準にしています。500Wの場合は約1.2倍、700Wの場合は約0.8倍で調節してください。
＊一気に加熱すると急激に沸騰したり、食材が飛び散ったりする場合があります。はじめは時間を少なめに設定し、様子を見ながら加熱してください。
＊器具や食材などによって調理時間や仕上がりは異なります。様子を見ながら調整してください。
＊調理途中で水分が足りなくなったときは、適宜水を足して調整してください。

食事の種類
「主食・主菜・副菜」のカテゴリーに分けています。

アレルゲン
レシピの材料にアレルギーの特定原材料7品目が含まれる場合は、マークで表示しています。
※えび・落花生・かに・そばは、本書レシピでは使用していません。

 小麦粉が含まれるもの

 卵が含まれるもの

 乳製品が含まれるもの

ポイント
調理のコツ、食材やメニューのアレンジ例、時短ポイントなどを紹介しています。

目次

とじ込み
おもて　離乳食の進め方まる分かり表
うら　食べられる食材早見表

はじめに ……… 2
本書の使い方 ……… 4

Part 1　離乳食のきほん

離乳食の目的 ……… 10
離乳食スタートの前に ……… 12
離乳食の進め方 ……… 14
栄養バランスの考え方 ……… 16
離乳食期の飲み物は ……… 18
調理の7つのきほん ……… 20
きほんのおかゆ・だしの作り方 ……… 24

先輩ママ717人のアンケート付き
離乳食作り＆食事の便利グッズ ……… 28
素材別　大きさの目安と調理法 ……… 32

先輩ママ717人の体験談も
ベビーフードを活用しよう ……… 44

COLUMN ①　時間がないときに役立つ！おすすめ食材 ……… 46
COLUMN ②　食物アレルギーについて ……… 48

Part 2　月齢ごとの離乳食メニュー

●5～6か月ごろの進め方 ……… 50
はじめたころ ……… 50
口の発達に合わせた食べさせ方 ……… 51
はじめて1か月をすぎたころ ……… 52
堤先生に聞く　5～6か月ごろの気がかりQ&A ……… 53
食材の形状と分量 ……… 54
5～6か月ごろ　離乳食あるある！ ……… 56
ペーストの作り方 ……… 57

5～6か月ごろのおすすめレシピ ……… 58
● 主食 ……… 58
● 主菜 ……… 65
● 副菜 ……… 66

先輩ママ717人に聞いた
うちの子の場合、こんな感じで食べてます！ ……… 71

6

●7〜8か月ごろの進め方 …… 72

7〜8か月ごろ（前半） …… 72
口の発達に合わせた食べさせ方 …… 73
7〜8か月ごろ（後半） …… 74
堤先生に聞く　7〜8か月ごろの気がかりQ&A …… 75
食材の大きさと分量 …… 76
7〜8か月ごろ　離乳食あるある！ …… 78

7〜8か月ごろのおすすめレシピ …… 79

●主食 …… 79
●主菜 …… 84
●副菜 …… 89

先輩ママ717人に聞いた
うちの子の場合、こんな感じで食べてます！ …… 95

●9〜11か月ごろの進め方 …… 96

9〜11か月ごろ（前半） …… 96
口の発達に合わせた食べさせ方 …… 97
9〜11か月ごろ（後半） …… 98
堤先生に聞く　9〜11か月ごろの気がかりQ&A …… 99
食材の大きさと分量 …… 100

9〜11か月ごろ　離乳食あるある！ …… 102

●9〜11か月ごろのおすすめレシピ …… 103

●主食 …… 103
●主菜 …… 108
●副菜 …… 118

先輩ママ717人に聞いた
うちの子の場合、こんな感じで食べてます！ …… 123

●1歳〜1歳6か月ごろの進め方 …… 124

1歳〜1歳6か月ごろ（前半） …… 124
口の発達に合わせた食べさせ方 …… 125
1歳〜1歳6か月ごろ（後半） …… 126
堤先生に聞く　1歳〜1歳6か月ごろの気がかりQ&A …… 127
食材の大きさと分量 …… 128
1歳から1歳6か月ごろ　離乳食あるある！ …… 130

1歳〜1歳6か月ごろのおすすめレシピ …… 131

●主食 …… 131
●主菜 …… 136
●副菜 …… 147

Part 3 時短！フリージングレシピ

- フリージングのススメ
- フリージングに便利なグッズ
- レンジ解凍で失敗しない4つのポイント
- フリージングレシピ
  - 5～6か月ごろ
  - 7～8か月ごろ
  - 9～11か月ごろ
  - 1歳～1歳6か月ごろ

158 159 160 161 162 164 166

おやつレシピ
先輩ママ717人に聞いた うちの子の場合、こんな感じで食べてます！

152 156

先輩ママ717人に聞いた うちの子の場合、こんな感じで食べてます！

151

Part 4 ハレの日＆ちょいデコレシピ

ハレの日レシピ
- お誕生日
- クリスマス
- お正月
- ひな祭り
- こどもの日

170 171 172 174 175 176

- 便利なデコグッズ
- COLUMN 3 外食時はベビーフードが便利
- COLUMN 4 離乳食の次は幼児食
- COLUMN 5 病気のときの離乳食
- ベビーカレンダーってどんな会社？
- レシピ協力産院・病院リスト
- 食材別インデックス

177 178 179 180 182 185 186

Part 1

初めてのママ&パパも安心!
離乳食のきほん

「離乳食って?」というそもそものギモンから、離乳食の作り方、
栄養バランスの考え方、食物アレルギーについて、さらに時短ワザまで、
離乳食の基本的な知識をまとめました。
離乳期は「食べることを楽しむ」ための基礎づくりの期間。
赤ちゃんのペースに合わせ、リラックスして進めてくださいね。

離乳食の目的

離乳食は、母乳やミルクだけを飲んできた赤ちゃんの初めての食事。栄養面ばかりに目が向きがちですが、それ以外にも大きな意味が。焦らず、それぞれの赤ちゃんに合ったやり方で進めましょう。

赤ちゃんに合った進め方で

離乳食とは母乳やミルクから固形の食事に移る時期に赤ちゃんに与える食事のこと。離乳食には主に、3つの目的があります。

1つめが「**エネルギーや栄養素をとる**」こと。低月齢のうちは母乳やミルクを飲むだけで成長・発達できていた赤ちゃんも、生まれてから半年ほどすぎると、それだけでは成長に必要な分をまかなえなくなります。胎内でママからもらっていたエネルギーや栄養素も、だんだんと減っていきます。そのため、母乳やミルク以外の食べ物からエネルギーや栄養素をとっていかなければなりません。特に母乳育児の場合、6か月ごろから鉄不足に気をつけましょう。

2つめが「**食べる練習**」です。母乳やミルクだけを飲んできたので、「すぐにモグモグかんで、ムシャムシャ食べる」とはなりません。そもそも、母乳やミルクを飲むときの口の動きと、形のあるものを食べるときの口の動きはまったく違うもの。赤ちゃんの成長・発達に合わせて、その時期に食べやすいもの・形状・調理法を変えながら、「口に入れる」「かむ」「飲み込む」練習をする必要があります。また、目で見たものをつかんで口に入れるという、目、手、口の協調動作を育てます。

食卓の楽しさを伝える

3つめは「**食べる楽しさを知る**」ことです。赤ちゃんにとって食べ物は「未知の世界」であることに加え、一人ひとり成長や発達の度合い・個性・好みも違うもの。マニュアル通りにはいきません。少ししか食べなかったり、逆に食べすぎたりすると、つい「大丈夫かな？」と心配になってしまいますが、焦りやイライラは赤ちゃんにも伝わってしまいます。それぞれの赤ちゃんに合った進め方で、大人もできるだけリラックスして食べさせると、赤ちゃんも自然に食事の楽しさが分かるようになるはずです。

離乳食のきほん

離乳食の役割

離乳食は、赤ちゃんが自分で生きる力をつけるための最初の一歩。
同時に、健やかな心を育むためにも大きな役割をもちます。
楽しくて幸せな離乳食の思い出が、たくさん作れるとよいですね。

前向きな感情を育む

精神的な安らぎを保ちながら強い心を育むためにも、食事は大きな役割をもちます。やる気や好奇心、「うれしい」「楽しい」といった感情も、食事の場面で培われていきます。できるだけ家族で食卓を囲み、にこやかに楽しい雰囲気で食事をとるようにしてください。赤ちゃんとの絆もより深まります。

生きるための自立の一歩

いうまでもなく、人は食事を通してエネルギーや栄養素を体内に取り込み、体と心を健やかに作りあげます。食事のスタートとなる離乳食は、食生活の基礎作りという重要な役割を担います。さらにいえば、自ら食べて生きる力をつけていくための「自立の一歩」でもあるのです。

日本の食文化を知る

離乳食には、その国の食文化を次の世代に伝えていく役割もあります。特に和食は、世界で認められるほどのヘルシーさが特徴。四季折々で多彩な食材が楽しめるのも魅力の1つです。洋食が中心だった方も、離乳食を機に和食中心の食生活に切り替えてもよいかもしれませんね。

味と香りの体験

食材にはさまざまな香り・味・食感があります。離乳食の時期でそれらをたくさん経験することは、味覚の発達にもよい影響を与えます。赤ちゃんの味覚は敏感ですので、味付けはなるべく薄味にし、食材そのものの味や香りを体験できるように心がけて。

体の機能を発達させる

赤ちゃんの口まわり（舌・歯・あごなど）や消化器官などの機能は、急速に発達します。かむ力はどんどん強くなり、唾液が増えて胃腸が発達し、いろいろなものを消化吸収する力がついてきます。さらに目、手、口の協調動作を育てるためにも、成長段階に合った大きさ・硬さ・食材の離乳食を与えましょう。

離乳食スタートの前に

新しいガイドから読み解く与え方・進め方

12年ぶりに改定された「授乳・離乳の支援ガイド」も踏まえ離乳食をはじめる前に知っておきたいポイントやママやパパが迷ってしまいがちなことをまとめました。

食物アレルギーの対応

親と赤ちゃんをとりまく環境は時代とともに、ときには数年で大きく変わるもの。普段、先輩ママやお母さん・お姑さんなどから教わる「こうしたほうがよいのよ」「私のときはこうだった」という育児や離乳についてのアドバイスや情報も、もしかしたら少し古くなっているかもしれません。

パパやママへの離乳支援の際に、保健センター、保育園、病院などが使う「授乳・離乳の支援ガイド」(厚生労働省発表)も2019年春、12年ぶりに改定されました。

このなかで最も大きく変わった点のひとつが、**食物アレルギーへの対応**。離乳や特定の食材の摂取を遅らせても食物アレルギーの予防にはならないと、たとえばこれまで生後7〜8か月ごろから開始していた**卵も、離乳初期の5〜6か月ごろから与えるよう**になっています。

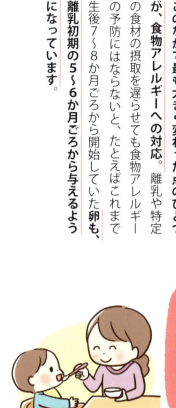

新しいガイドはどこが変わったの？

🚩 母乳育児では鉄不足を予防

<mark>母乳育児の場合、生後6か月の時点で鉄欠乏性貧血を生じやすいという報告があります。鉄不足の予防のためにも、適切な時期に離乳食をスタートさせる必要があります。月齢に合わせて鉄分が添加されている育児用ミルクやフォローアップミルクを牛乳の代わりに調理素材として使ったり、赤身の肉や魚、レバー、卵、大豆など、鉄の多い食材を離乳食に取り入れたりするのもおすすめです。</mark>なお、育児用ミルクには鉄が入っているので、育児用ミルクを飲んでいる赤ちゃんの場合は、鉄欠乏のリスクは少ないです。

🚩 卵は5〜6か月ごろから

<mark>「離乳の開始や特定の食材の摂取を遅らせても、食物アレルギーの予防効果があるという科学的根拠はない」</mark>と、これまで生後7〜8か月ごろから開始していた<mark>卵も、離乳初期の5〜6か月ごろから与えるようになっています。</mark>なお、赤ちゃんに湿疹がある場合、すでに食物アレルギーの診断がされている場合、離乳食開始後に発症した場合は、自己判断せず必ず医師の指示に従います。

離乳食のきほん

楽しく食事ができる環境を

一方で、時代が変わっても変わらないことがあります。それは、「ママやパパと赤ちゃんがなごやかに楽しく食事ができる環境づくり」を大切にするということ。離乳食の進み具合や分量などが気になってしまうこともあるかもしれませんが、あまり神経質になりすぎないで。

大人が余裕をもって、笑顔で離乳食の時間を過ごせれば、赤ちゃんも自然と楽しくなり、食への関心も増すことでしょう。

ベビーフードの活用を

厚生労働省が行った平成27年度乳幼児栄養調査（平成28年公表）によると、離乳食について「何かしらの困ったことがある」と回答した保護者は74.1％。そのうち「作るのが負担、大変」と回答した割合は最も高く、33.5％でした。

「授乳・離乳の支援ガイド」では、離乳食の手作りが負担に感じる場合には、赤ちゃんの月齢に合った硬さ・味・調理法のベビーフードを利用することもすすめています。

母乳は授乳リズムに沿って

離乳食がスタートした後も、母乳は授乳リズムに沿っていれば、赤ちゃんが欲しがる量を与えても大丈夫。

ただし、「泣いたから」「あやすために」といった理由で時間や間隔に関係なく与えてしまうのは避けて。授乳リズムが定まらないと空腹感が起こらず、離乳食が進まないこともあります。

離乳開始前の果汁やスプーン練習も必要なし

「離乳食の前に果汁を」「スプーンの練習を」とアドバイスされた方もいらっしゃるかもしれません。しかし、果汁の栄養学的意義は認められていませんし、スプーンも成長が進めば自然と慣れていきます。どちらも離乳開始前には必要ありません。

早産児は「修正月齢」でスタート

修正月齢とは、本来の出産予定日からカウントした月齢のこと。たとえば予定日より1か月早く生まれた場合、生後5か月でも修正月齢は4か月ということに。

早産児は、修正月齢が5〜6か月ごろに離乳食をはじめます。なお、1歳近くになると、実際に生まれてからの月齢と修正月齢との差は少しずつ縮まっていきます。

離乳食の進め方

体の発育・発達によって、摂食機能は変わるもの。大きく4つの段階に分けて、離乳食を進めていきます。時期や成長に合わせて量・形状・回数などを変えていきます。

焦らずに赤ちゃんに合わせて進めて

離乳食は「食事に慣れるための練習期間」。まずは、今まで飲んでいた母乳やミルクの状態に近いものを。慣れてきたら、少しずつ形状を変えていきます。

左図のように大きく4つの段階に分けて進めていきますが、次の段階へ進むときはいきなりすべての硬さ、味付け、分量などを変えるのではなく、**少しずつ様子を見ながら**にします。嫌がったり食べが悪くなったりしたら、前の段階に戻すなど、進んだり戻したりをくり返しながら慣らしてください。

離乳食の進み具合は、赤ちゃんによってさまざま。段階通りに進まなくても悩まずに、**その子のペースに合わせて進めて**。いずれみんな食べられるようになるものです。発育曲線のカーブに沿っていれば心配ないことが多いので、ゆっくりで大丈夫です。

離乳食　4つのお約束

初めての離乳食。4つの約束を心にとめて、
ママも赤ちゃんも楽しく離乳食に取りくみましょう。

赤ちゃんのペースを大切に

赤ちゃんの発達には個人差があります。離乳食の目安にとらわれすぎず参考にしながら、赤ちゃんの発達に応じて進めましょう。心配なときは母子健康手帳に記載されている成長曲線で確認を。

栄養バランスは2～3日単位で

栄養バランスのよい食事を心がけることは大切ですが、毎日気にしていると大変に感じることも。2～3日単位で整えるようにしましょう。

食べる楽しさを伝える

楽しい雰囲気の中でいろいろな味を体験させて、食べる力を育みます。ママがイライラすると赤ちゃんに伝わり、食事の雰囲気が損なわれます。おおらかに取りくみましょう。

赤ちゃんを観察する

赤ちゃんが食べている様子を「おいしいね」などと声をかけながら確認します。特にはじめてのものを与えたときは、体調に変化がないかをよく観察しましょう。

離乳食のきほん

実物大 形状と大きさ

各時期によって、食材の形状は変わります。
最初は、とろとろの状態からスタート。徐々につぶ感を残し、最後はかみとれるようにします。
にんじんを例に、形状と大きさの変化を見てみましょう。ほかの食材は、p.32〜を参考に。

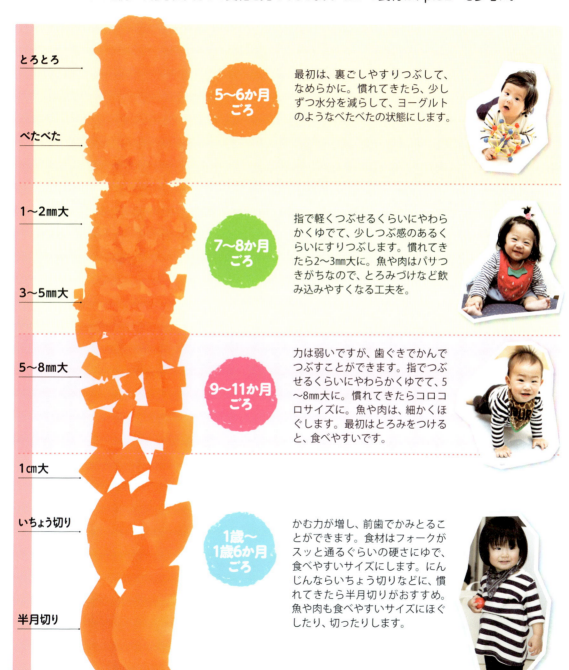

- とろとろ
- べたべた

5〜6か月ごろ
最初は、裏ごしやすりつぶして、なめらかに。慣れてきたら、少しずつ水分を減らして、ヨーグルトのようなべたべたの状態にします。

- 1〜2mm大
- 3〜5mm大

7〜8か月ごろ
指で軽くつぶせるくらいにやわらかくゆでて、少しつぶ感のあるくらいにすりつぶします。慣れてきたら2〜3mm大に。魚や肉はパサつきがちなので、とろみづけなど飲み込みやすくなる工夫を。

- 5〜8mm大

9〜11か月ごろ
力は弱いですが、歯ぐきでかんでつぶすことができます。指でつぶせるくらいにやわらかくゆでて、5〜8mm大に。慣れてきたらコロコロサイズに。魚や肉は、細かくほぐします。最初はとろみをつけると、食べやすいです。

- 1cm大
- いちょう切り
- 半月切り

1歳〜1歳6か月ごろ
かむ力が増し、前歯でかみとることができます。食材はフォークがスッと通るぐらいの硬さにゆで、食べやすいサイズにします。にんじんならいちょう切りなどに、慣れてきたら半月切りがおすすめ。魚や肉も食べやすいサイズにほぐしたり、切ったりします。

栄養バランスの考え方

離乳食を作るうえで気になるのが、栄養バランス。基本をおさえて子どもの成長・発達に合わせた離乳食作りを心がけて。

栄養バランスを考えて取り入れる

離乳食をスタートさせてから1か月ほど経ち、食べることにも慣れてきて「そろそろ2回食にしようかな」というころからは、少しずつ栄養バランスを考えるようにします。

難しく考える必要はありません。左のページに挙げた栄養素「炭水化物（主食：ごはん・パン・めん・いもなど）」「たんぱく質（主菜：肉・魚・卵・大豆製品・乳製品など）」「ビタミン・ミネラル（副菜：野菜・果物・きのこ・海藻など）」からそれぞれ1つ以上を取り入れればOK。

これらの栄養素が入っていれば、自然と栄養バランスが整った食事になり、成長を促します。

堤先生に聞く
献立の考え方は？

🚩 1品にしてもOK

9か月ごろからは離乳食からの栄養素等がメインになるので、1回の食事で栄養バランスを意識して。とはいえ、「ごはん＋お魚のおかず＋野菜のおかず」と、3品を作るのは大変。ときには、具だくさんうどんやおじやなど、1品にしてもよいですね。

🚩 2～3日でバランスを考える

赤ちゃんが少量しか食べなかったり、ママが忙しかったりして、1回の食事で栄養バランスがとれないこともあるかもしれません。
しかし、2～3日の食事全体を見て、おおよそのバランスがとれていれば大丈夫。「最近は野菜があまり進まないから、少しやわらかくしてみよう」など、少しずつ意識して。

🚩 たんぱく質や鉄の量に注意

赤ちゃんの体への負担が大きいたんぱく質は、とりすぎに注意。「白身魚と卵のおじや」など、1品に2種類以上のたんぱく質食材が入るときは、それぞれを目安量の半分にするなどして調整しましょう。
また、母乳育児の場合は6か月ごろから鉄不足が心配されます。レバーや大豆などの食材を、意識して取り入れて。

16

> 離乳食のきほん

離乳食からとりたい主な栄養素

主食
体や脳を動かす 炭水化物

ごはん・パン・めん類・いも類など。炭水化物は脳や神経系、筋肉などを働かせるエネルギーになります。離乳食ではごはんのおかゆを主食にすると、合わせるメニューも自然とヘルシーな和食になります。パンやめん類には塩分が含まれているので、量や頻度には注意しましょう。

主菜
筋肉や血液を作る たんぱく質

肉・魚・卵・大豆製品・乳製品など。筋肉や血液など体を作るたんぱく質は、成長に不可欠。とはいえ、とりすぎは腎臓に負担をかけるので、適量を守りましょう。たんぱく質には豆腐などの「植物性」と、肉や卵などの「動物性」とがあります。はじめは脂肪分の少ない食材から慣らし、徐々に両方をバランスよく組み合わせてください。

副菜
体の調子を整える ビタミン・ミネラル

野菜・果物・きのこ類・海藻など。ビタミンは免疫力や栄養素の吸収を高め、ミネラルは歯や骨を丈夫にします。赤・黄・緑（緑黄色野菜）、白（淡色野菜）、黒（きのこ類・海藻）など見た目をカラフルにすると、栄養バランスも整いやすくなります。皮や種をとってやわらかく調理すれば、食べやすさもアップ！

※本書のレシピには、それぞれに含まれている栄養素を 炭水化物 たんぱく質 ビタミン・ミネラル のマークで表示しています。

離乳食期の飲み物は

お母さんやお姑さんから「果汁をあげないの?」と聞かれ、「なんのことかしら」と戸惑った経験のある方もいるようです。離乳期の赤ちゃんには何を飲ませたらよいのでしょうか。

離乳食の開始時期は母乳やミルク

以前は「生後2か月ごろから果汁や湯冷ましを飲ませるように」といわれていました。離乳食スタートまでの「準備期」として、母乳やミルク以外の味に慣れさせるとともに、スプーンで食べる準備をする意味もあったようです。

しかし現在では、**離乳食開始までは母乳やミルク以外のものは飲ませる必要がない**とされています。むしろ、離乳前にこうしたものを飲ませることによって、「母乳やミルクを飲む量が減り、必要な栄養素やエネルギーが不足する」というマイナス面が強調されるように。特に果汁は、糖分をとりすぎる心配があるうえ、栄養面でのメリットもないので不要とされています。

離乳食のスタート期である5〜6か月は、まだ主な飲み物は母乳やミルク。ただし、離乳食の前にたっぷり飲んでしまうと離乳食を食べなくなることもあるので、食事の2〜3時間前はなるべく授乳せず、赤ちゃんが空腹になるようにしましょう。

「ぐずったらすぐにおっぱいやミルクをあげていた」という場合も、すぐに飲ませるのではなく、抱っこやお散歩などで気分転換させ、少しずつ授乳間隔をあけていきましょう。そうすることで、自然と食事のリズムもついていきます。とはいえ、おなかが空きすぎてしまうと、手っ取り早く空腹を満たせる母乳やミルクをほしがるもの。泣くような場合は、少し飲ませて気持ちを落ち着かせてから食べさせるようにしてもかまいません。

水や麦茶について

母乳やミルク以外の**飲み物は、水や麦茶など無添加でカフェインやタンニンが入っていないもの**を。コーヒーやウーロン茶、ほうじ茶などは、カフェインが含まれているので避けましょう。市販の赤ちゃん用の

母乳・ミルクの量やあげ方は?

●5〜6か月ごろ
授乳のリズムに沿って、赤ちゃんがほしがる量をあげます。

●7〜8か月ごろ
離乳食の後に。このほか、授乳のリズムに沿って母乳は赤ちゃんがほしがるだけ、ミルクは1日3回ぐらい。

●9〜11か月ごろ
離乳食の後に。このほか、授乳のリズムに沿って母乳はほしがるだけ、ミルクは1日2回ぐらい。

●1歳〜1歳半ごろ
離乳食の進み具合によります。離乳食からエネルギーや栄養分のほとんどがとれるようになれば、自然とほしがらなくなり「卒乳」に。

離乳食のきほん

赤ちゃんにあげる「水」は？

水道水、湯冷まし、ミネラルウォーター。どれを飲ませるか迷うことも多いのでは？ 水道水は品質が向上し、赤ちゃんにも問題ないとされていますが、生後6か月ごろまでは湯冷ましがおすすめ。水道水を数分間、沸騰させて冷ましたものが、湯冷ましです。
ミネラルウォーターを選ぶときは、軟水を。硬度の高いものはミネラル成分が多く、内臓への負担が危惧されるので避けます。いずれの場合も、常温で飲ませます。

飲み物には「5か月ごろから」「8か月から」など目安となる月齢が表記されていることが多いので、そちらも参考にしてください。
なお、市販されている大人向けの麦茶は、白湯や水で倍に薄めてから飲ませます。

不足しがちな鉄は育児用ミルクやフォローアップミルク※を取り入れて

生後6か月以降になると、生まれるときにママからもらって赤ちゃんの体内に貯蔵されていた鉄が減少し、鉄欠乏になる可能性が。乳児期の鉄は脳の発達にも関係するので、離乳食で意識的に取り入れてください。育児用ミルクやフォローアップミルクなどを食材として使うのもおすすめです。

※フォローアップミルクとは牛乳の代替品として開発されたミルクのこと。鉄分・ビタミン・ミネラルなどを多く含んでおり、生後9か月ごろから利用できます。

ツナパンがゆ(p.104)

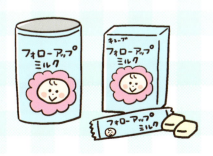

白菜のミルクスープ
(p.121)

調理の7つのきほん

離乳期の赤ちゃんは、かむ力や飲み込む力が弱く、消化器官も未発達なため、調理方法を工夫する必要があります。ここでは、覚えておきたい7つの基本調理方法をご紹介します。

スタート時は必須。
裏ごし器で飲みこみやすく

① 裏ごし

いも類はゆでて熱いうちに裏ごしすると、簡単になめらかに。網の裏に付着している分も、すくいとって使います。

青菜、キャベツ、白菜など繊維の多いものを裏ごしするときは、やわらかくゆでて熱いうちに。繊維は口に残るので、丁寧に裏ごしします。

すり鉢で水分を加え
硬さを調節

② すりつぶす

白身魚は、ゆでてほぐしてからすりつぶします。パサつきやすいので、ゆで汁やだし汁などを加えてのばしましょう。

かぼちゃやいも類は、ゆでて熱いうちにすりつぶします。すり鉢の溝に入って量が減ってしまうので、多めに作って。

おろし器で繊維を断ち切り
なめらかに

③ すりおろす

にんじんなど根菜は、ゆでた後におろし器などですりおろすとなめらかに。逆に、すりおろしてから加熱すると、早く火が通ります。

ほうれん草など葉物野菜は、ゆでて棒状に冷凍したものをすりおろすと簡単。あらかじめゆでてある市販の冷凍野菜も便利です。

離乳食のきほん

❺ 刻む

口の発達に合わせ
少しずつ刻む大きさを変えて

1 にんじんは薄切りした後、細いせん切りにします。7〜8か月は2〜3mm幅で。

2 細切りしたものをまとめて横向きにし、1〜2mmに刻むとみじん切りに。成長に合わせて刻み方を大きくします。

ブロッコリーは7〜8か月ごろは穂先だけを2〜3mm大に、9〜11か月になったら小房を5mm大ほどに。

ほうれん草など葉物野菜は、繊維が残ると食べにくいもの。ゆでて縦に刻んだ後、横にも刻んで繊維を断ち切ります。

❹ つぶす・ほぐす

7〜8か月ごろからは
食べやすくほぐしてかむ練習

かぼちゃや根菜は、ゆでたものをポリ袋に入れてすりこぎや手で押してつぶします。

加熱した白身魚、バナナや豆腐、ゆでたいも類やかぼちゃは、フォークやスプーンの背で簡単につぶせます。

ささみはゆでた後、繊維に沿って手で裂いてほぐせば簡単。

片栗粉、ベビーフード、食材などで
とろみをつけて食べやすく

⑥ とろみ

水溶き片栗粉＋電子レンジ

1 耐熱容器に片栗粉小さじ1/2と水大さじ3を入れて、よく混ぜます。

↓

2 「電子レンジで5〜10秒加熱し、出してかき混ぜる」を数回くり返し、好みのとろみになったら食材に混ぜるだけ。使う前に再度よく混ぜます。

水溶き片栗粉＋鍋

とろみづけの基本は水溶き片栗粉（片栗粉1：水2の割合）。

1 材料が煮えたらいったん火を止め、水と片栗粉をよく混ぜ、鍋に加えます。

↓

2 すばやく混ぜたら、再び鍋を火にかけます。火加減は弱〜中火で。煮込みながらも、混ぜる手は止めないで。

↓

3 混ぜながら加熱し、沸騰してから1分ほどしっかり煮ます。全体的にとろっとしたら完成です。

point

鍋や電子レンジでとろみを作るときは、水と片栗粉を必ずよく混ぜてから。しっかり混ぜておかないと、片栗粉がダマになってしまいます。
また、とろみづけをした食品の冷凍はしないこと。解凍・加熱しても水っぽくなってしまい、とろみはなくなります。

離乳食のきほん

とろみのある食材で

バナナ

すりつぶすと粘り気が出るバナナやじゃがいもを使う手も。バナナは甘みがあるので、苦手な食材と和えるのも◎。

ヨーグルト

プレーンヨーグルトは、肉や魚などパサつきがちな食材や、苦手な野菜のとろみづけに。

ベビーフードで

ベビーフードの「とろみのもと」を使えば、水溶きや加熱の必要がなく、ふりかけるだけでとろみがつきます。

ベビーフードの「ホワイトソース」もとろみづけに使えます。混ぜるだけで、お手軽にグラタン風離乳食の完成。

---

❼ のばす

ゆで汁、だし汁、お湯を加えて食べやすい硬さに調節

point
だし汁やスープでのばすと、だしのうま味が加わり食が進みそう。だし汁などの作り方はp.26〜を参照。

水分の少ない根菜などは、すりつぶしただけでは食べづらいもの。水分でのばし、硬さを調節しましょう。

きほんのおかゆ・だしの作り方

赤ちゃんの主食となるおかゆ、素材の味を活かすために欠かせないだし。離乳食づくりの基本となる2つの作り方をご紹介します。

きほん1 おかゆ（10倍がゆ／5〜6か月ごろ向け）の作り方

最初のひと口は10倍がゆ

10倍がゆとは「米1：水10」の割合で炊いたおかゆ（下表参照）のことです。5〜6か月では10倍がゆ、その後は7倍がゆ、5倍がゆ、軟飯、と少しずつ水分を減らして普通のごはんに近づけます。

10倍がゆは多めに作ると失敗が少ないので、まとめて作って小分け冷凍するのがおすすめ。また、すりつぶすときは上からすりこ木で軽くたたきつぶして。グルグル回しながらつぶすと、粘り気が出てしまいます。

❶米から鍋で作る

\動画はコチラ／

🌸 **材料**（作りやすい分量）

米 … 1/2カップ　　水 … 1000ml（5カップ）

※1：10であれば、この分量でなくてもOKです。

2 鍋に米と水を入れてふたをし、中火にかけて煮ます。沸騰したら弱火にし、50分ほど煮ます。途中、水分が足りないと感じたら、水を加えます。

3 やわらかく煮えたら火を止め、ふたを閉めたまま10〜20分ほど蒸らします。その後、すり鉢でなめらかにすりつぶします。

1 米をとぎ、ざるにあげて30分ほどおきます。こうすると、米の表面についた水分が芯まで浸透し、ふっくらした仕上がりに。

月齢別 おかゆの水分表

米と水の量の割合を変えると、おかゆのやわらかさが変わります。水加減は目安です。

	米から作る(鍋で) (米：水)	ごはんから作る (ごはん：水)	食べさせる時期
10倍がゆ (5分がゆ)	1:10	1:5	5〜6か月前半▶ 5〜6か月後半
7倍がゆ	1:7	1:3	5〜6か月後半▶ 7〜8か月前半
5倍がゆ (全がゆ)	1:5	1:2	7〜8か月前半▶ 9〜11か月前半
軟飯	1:3〜1:2	1:1	9〜11か月後半▶ 1歳〜1歳6か月前半

24

離乳食のきほん

❸ごはんから鍋で作る

🌸 **材料**（作りやすい分量）
ごはん…大さじ2　　水…150ml

1 鍋にごはんと水を入れ、中火にかけながらごはんをほぐします。

2 沸騰したら弱火にし、ふたをして15〜20分ほど煮ます。やわらかくなったら火を止め、ふたをしたまま10〜20分蒸らします。その後、すりつぶすか裏ごしします。

❷炊飯器で作る

🌸 **材料**（作りやすい分量）
米…1/2カップ
水…5分がゆの目盛りまで
※ご家庭の炊飯器の設定に合わせてください。

1 といだ米と、5分がゆの目盛りまでの水を炊飯器へ。メニューから「おかゆモード」を選び（または、ご家庭の炊飯器の設定に合わせ）、スイッチを入れます。

2 炊きあがったら、すりつぶすか裏ごしします。

きほん3　うどんがゆの作り方（5〜6か月ごろ向け）

🌸 **材料**（作りやすい分量）
うどん（乾めん）…15g
お湯…適量

1 表示時間の2倍程度を目安に、うどんをやわらかくゆでます（半分に折ると、より簡単）。

2 ゆであがったら冷水でさらして洗い、ぬめりをとります。ざるにあげて水気を切った後、細かく刻みます。

3 すり鉢に入れ、お湯でのばしながらすりつぶします。めんの形がなくなり、ポタージュ状になったら完成。

きほん2　パンがゆの作り方（5〜6か月ごろ向け）

🌸 **材料**（作りやすい分量）
食パン（8枚切り）…1/8枚
お湯…大さじ1と小さじ2

1 耳をとったパンを水分をとばす程度に軽くトーストし、手で小さくちぎります（トーストすると、やわらかくなりやすい）。包丁で細かく切ってもOK。

2 ボウルにパンを入れ、お湯をかけ、ふやかしてなじませます。

3 とろとろになるまで混ぜ（お湯が足りないときは足す）、すり鉢に入れすりこ木ですりつぶし、ポタージュ状にします。

だしの作り方

1 鍋に水と昆布を入れ、昆布がふっくらするまで15〜20分ほど浸します。その後、弱火にかけ、昆布の表面に小さな泡が立ったら、昆布を取り出します。

2 火を強め、沸騰したらかつお節を入れ、すぐに火を止めます。

3 かつお節が沈んだら、こし器やペーパータオルを敷いたざるにあけ、こします。冷蔵庫で3日ほど、冷凍庫で1週間ほど保存できます。

和風だし

和食の基本となる和風だし。かつお節と昆布を2〜3分煮てこすだけなので、意外と簡単に手作りできます。

材料（作りやすい分量）
水…2と1/2カップ（500ml）
かつお節…8g
昆布…4g（約3cm角のものを2枚）

つけておくだけ！

カンタン昆布だし＆かつおだし
時間がないときに便利な方法。
保存容器で作れば、ふたをしてそのまま冷蔵・冷凍できます。

昆布だし

水2カップ（400ml）に3cm角ほどの昆布2枚を入れ、3時間以上浸しておきます。使う前に一度、加熱しましょう。

かつおだし

沸騰させたお湯1カップ（200ml）にかつお節5gを入れ、5〜10分ほど置いておきます。こしてから使いましょう。

26

離乳食のきほん

野菜スープの作り方

1 にんじん、玉ねぎ、キャベツ、大根、かぼちゃ、ブロッコリーなどから3〜4種類の野菜を使用。それぞれ1cm大に小さく切ります。

2 鍋に水と切った野菜を入れ（かぼちゃなど煮くずれしやすい野菜は、煮立ってから加えます）、中火で加熱。煮立ったら弱火にし、そのまま20分ほど煮ます。

3 こし器やペーパータオルを敷いたざるにあけ、こします。冷蔵庫で3日ほど、冷凍庫で1週間ほど保存できます。

野菜スープ

お好みの野菜を数種類コトコト煮込めば、素材のうま味がたっぷり出た野菜スープに。幅広いメニューに使えます。

❀ 材料（作りやすい分量）
水…2と1/2カップ（500ml）
お好みの野菜…あわせて200〜250g
（本書では、大根、キャベツ、かぼちゃ）

市販品はベビー用を

インスタントの顆粒だしは塩・砂糖・アミノ酸などが入っているものもあるので、市販品を使うときはベビーフードを選ぶのがベスト。だしパックを使う場合は無添加のものを選び、大人が使うときの1/3〜1/2ほどの分量を使います。

こした後の野菜も、離乳食に使えます。密閉袋などに入れ、たたいてつぶせば、簡単に好みの大きさに。スープと同じぐらいの期間、冷蔵・冷凍保存ができます。使う場合は、一度加熱を。

> 先輩ママ717人の体験談も

離乳食作り＆食事の便利グッズ

赤ちゃんの食事用グッズから、離乳食作りに便利な道具まで、まとめてご紹介。先輩ママの声も参考にしてみてくださいね。

スプーン・フォーク

5〜6か月のときは、ゴックンしやすい小さめの平らなスプーンを使いましょう。9〜11か月ころになったら、くぼみのあるものに。自分で持つようになったら、持ちやすいものを選びます。フォークは自分で持つようになったころに。素材はプラスチック、木製、金属があります。赤ちゃんによっては舌触りが苦手な素材もあるので、いろいろ試してみて。

食事グッズ

先輩ママの声

＊温度で色が変わるスプーンが便利。熱さが目で確認できました。〈山梨県・30代〉

＊子どもが自分で食べるようになってからも、持ちやすいベビースプーンを使っていました。〈東京都・30代〉

食器

安定感があり、すくいやすい深さになっている赤ちゃん用の食器がおすすめ。ワンプレート型や一品用など、種類・大きさはさまざま。電子レンジで加熱ができるものも。

スタイ＆食事エプロン

汚れを防止するためのスタイ。食べこぼしをキャッチできるポケット付き、袖までカバーできるもの、洗いやすい樹脂製のものなどがあります。大判のタオルや普通のスタイを使っても◎。

先輩ママの声

＊ポケットがついていると、服も汚れず、床にも食べこぼさないので便利でした。〈愛知県・30代〉

＊袖があるものは洋服が汚れないので、着替えをしなくて済みました。〈熊本県・30代〉

離乳食のきほん

すり鉢・すりこ木
おかゆ、うどん、野菜、いも類、白身魚、豆腐などをすりつぶせます。少量をすりつぶすには、小さめのタイプがおすすめ。

すりおろし器
食材をすりおろすときに使います。おろしの目が粗いものも細かいものもあるので、時期や用途に合わせて選びます。

調理グッズ

マッシャー
やわらかくゆでた食材をつぶします。フォークでも代用できますが、多めの分量をつぶすときに便利です。

裏ごし器
野菜の皮や種、粒などを取りのぞいて裏ごしできます。茶こしで代用も。

茶こし
少量の食材のゆで、湯切り、湯通し、塩抜きなどには茶こしが便利。鍋にセットできるタイプならば、大人用の料理と一緒に加熱ができます。味噌こし器などでも代用可。

小鍋・小さめのフライパン
少量の調理をするときは、小さめの鍋がおすすめ。ふたも用意します。9～11か月以降になると炒めたりするのにフライパンを使いますが、こちらも小さめサイズがよいでしょう。

スケール、計量カップ、計量スプーン
材料をはかるために必要。1g単位からはかれるものが、おすすめです。計量カップは1カップ(200ml)、計量スプーンは大さじ1 (15ml)、小さじ1 (5ml)を用意しておきます。

これも便利！ 離乳食調理セット
離乳食を作るときに使うおろし器、裏ごし器、すり鉢などがセットになった商品もあります。少量の調理におすすめです。

先輩ママの声
* 必要な道具がそろい、コンパクトに収納できます。〈秋田県・20代〉
* 赤ちゃん用と大人用とで器具を分けられたので、衛生的でした。〈秋田県・20代〉

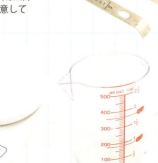

包丁、まな板、キッチンばさみ

小さめの包丁、まな板があると便利です。葉物野菜の葉先を刻むとき、めん類を切るときなどは、キッチンばさみがおすすめ。熱湯消毒して、衛生面に気をつけましょう。

ミニゴムベラ

調理器具に残った食材などをきれいにすくえます。しなりがある小さめのものが便利です。

ヌードルカッター

うどんやそうめん、スパゲッティなどを刻むときに使います。

ほかにもある！おすすめグッズ

先輩ママの声

＊食材の下ごしらえには**ブレンダー**が便利。ポタージュ状にする時期も楽に調理できました。〈島根県・30代〉

＊冷凍保存のときは**マスキングテープ**に調理日・メニューを書いて容器にペタッ。付箋よりしっかりつくし、はがすのも簡単ですよ。〈千葉県・30代〉

＊容器を電子レンジ加熱できる**小型ミキサー**が大活躍。洗い物も減って助かりました。〈東京都・30代〉

買ったけど使わなかったもの

先輩ママに聞いた

ミキサー

＊野菜を細かくするのにはいいのですが、なめらかにならないので、すり鉢を使うことが多かったです。〈東京都・30代〉

＊すりおろし器があれば、特に困りませんでした。〈静岡県・30代〉

＊分解して洗うのが大変でした。毎日のことなので、片付けが簡単なものがよいです。〈福岡都・30代〉

離乳食調理セット

＊ごく初期のみにしか使わず、わざわざ買うほどでもなかったです。〈滋賀県・30代〉

＊すり鉢とおろし器は比較的早い時期に使わなくなり、裏ごし器や果汁をしぼるものは使いませんでした。買わなくてもよかったかも……。〈神奈川県・30代〉

＊ブレンダーを買ったので不要に。〈神奈川県・30代〉

食器

＊離乳食初期のころは量も少ないので、ベビー食器より普通の小さなお皿のほうが使いやすかったです。〈山形県・30代〉

＊ほかのもので代用できるので、あまり使いませんでした。〈長野県・20代〉

＊ベビー用でなくても、大きすぎない食器ならば十分でした。〈埼玉県・20代〉

スタイ＆食事エプロン

＊食事エプロンに気をとられて（かんだり、なめたり）、食事が進みませんでした。〈岡山県・20代〉

＊最初のころは使っていましたが、大きくなるにつれ嫌がるようになり、食事に集中しなくなりました。〈岐阜県・20代〉

離乳食のきほん

こんな方法も

裏ワザ、アイデア集

毎日の離乳食、いろいろと工夫をしたいものです。便利なグッズや裏ワザを使って、負担を減らしましょう。

赤ちゃんの前には器を1つ

食べ飽きてくると、器をひっくり返したりするもの。ワンプレートだと大きな被害が……。赤ちゃんの前に取り皿を置き、そこに離乳食を少しずつのせていきましょう。ひっくり返されてもこぼれるのは少量ですし、ほおばりすぎも防げます。

ママ用、赤ちゃん用のスプーンを

ママが食べさせているスプーンに興味をもち、とられてしまうことも。ママ用（食べさせる）、赤ちゃん用（自分で持つ）の2本を用意しておくといいでしょう。

食べこぼしには新聞紙

赤ちゃんのイスの下には新聞紙を。食べこぼしても、離乳食の後に新聞紙ごと捨てればOK。掃除をする手間が省けます。

保冷剤で適温に

保冷剤があれば、アツアツの離乳食をほどよく適温に冷ませます。ジェル状のものは、上に器を置いても安定します。

スタイをタオル生地に

シリコン製のスタイは、口元を拭くときにティッシュやタオルなどが別途必要になります。タオル生地のスタイにすれば、そのままさっと拭えて便利。

スタイ2枚づけ

袖まであるスタイと、ポケットのあるスタイを重ねるだけ。洋服が汚れにくくなります。外出時など着替えさせにくいときに便利。

炭水化物

ごはん
慣れたら少しずつ水分を減らして

5〜6か月ごろ
10倍がゆを裏ごしし、とろとろのなめらかな状態にします。

7〜8か月ごろ
前半は7倍がゆ、後半は5倍がゆにし、粒が残っている状態に。

9〜11か月ごろ
前半は5倍がゆで、粒が残っている状態。後半は軟飯。

1歳〜1歳6か月ごろ
前半は軟飯に、後半は普通のごはんにします。

point
鍋でのおかゆ作りは、炊いたごはんを使うと時短になります。少ない量を作りたいときにも◎。ごはんをほぐしながら煮込みます。水加減はp.24の表参照。

point
ごはんから軟飯を作るときは、ごはんと同量の水を器に入れ、ラップをせずに電子レンジで加熱。加熱後にラップをかけて冷めるまで蒸らすと、ふっくらした仕上がりに。

パン
塩分や油分が少ないため食パンがおすすめ

5〜6か月ごろ
6か月すぎごろから食べさせます。最初はとろとろの状態に。

7〜8か月ごろ
細かくしたパンを水分でふやかし、やわらかく煮ます。

9〜11か月ごろ
少し大きいかたまりの1cm角にちぎり、水分でしめらせます。

1歳〜1歳6か月ごろ
手づかみしやすいスティック状に切り、軽くトーストします。

point
食パンを手でちぎると、つぶれたりかたまったりしがち。包丁で刻むほうが、スムーズにみじん切りできます。最初にトーストしておくと、水分を加えたときに早くふやけます。

point
電子レンジでもパンがゆは作れます。耐熱容器にちぎったパンとかぶるぐらいの水（または牛乳など）を加え、ラップをかけて加熱。冷めるまでラップをかけたまま蒸らします。

実物大 大きさの目安と調理法

離乳食でよく使う食材の形状・大きさの目安や調理法のポイントを、食材別・月齢別にまとめました。日々の離乳食作りの参考にしてください。

32

離乳食のきほん

ごはんに慣れたらめん類もOK

めん（うどん、そうめん、スパゲッティなど）

5〜6か月ごろ
6か月以降から食べさせます。最初はとろとろの状態に。

7〜8か月ごろ
2〜5mmほどに刻み、指で簡単につぶせるくらいのやわらかさにします。

9〜11か月ごろ
1cm幅に切り、指で簡単につぶせるくらいのやわらかさにします。

1歳〜1歳6か月ごろ
2〜3cmの長さに切り、指で簡単につぶせるくらいのやわらかさにします。

そうめん・パスタ・中華めんについて
乾めんはゆでる前に手で折っておくと、時短＆ラク。表示時間の2倍ほどかけてやわらかくゆでた後、水洗いをして塩分をとって。中華めんは弾力があるので、1歳すぎから。下ゆでをして塩分をとります。

point
ゆでうどんを使うときも、再度ゆでます。ゆでる前に包丁を濡らしておくと、包丁にもつきにくいのでおすすめ。あらかじめ細かく切られたベビーフードもあります。

ゆでる前に水にさらしてあく抜きを

いも類（じゃがいも、さつまいもなど）

5〜6か月ごろ
やわらかくゆでて、すりつぶし、さらに裏ごしします。水分やとろみで調節を。

7〜8か月ごろ
やわらかくゆでて、2〜3mm角に刻みます。水分で硬さを調節。

9〜11か月ごろ
やわらかくゆでて、粗くつぶします。慣れてきたら、5mm角に切ります。

1歳〜1歳6か月ごろ
やわらかくゆでて1cm角に切るか、粗くつぶします。

point

じゃがいもは皮と芽をとり、厚さ1cmの輪切りに。鍋にかぶるぐらいの水を入れ、竹串がスッと通るぐらいまでゆでます（昆布を少し入れるとうま味がアップ）。

point

電子レンジを使うときは、皮つきのまま洗って濡れた状態でラップで包み、100gにつき2分を目安に加熱。熱いうちに皮をむきます。また、ごはんを炊くときに、アルミホイルに包んだいもを炊飯器に入れてもOK。

たんぱく質

豆腐

消化がよく、たんぱく質のスタートに最適

5〜6か月ごろ
絹ごし豆腐をゆでて、裏ごしをします。

7〜8か月ごろ
絹ごし豆腐をゆでて軽くつぶすか、2〜3mm角に切ります。

9〜11か月ごろ
木綿豆腐も食べられます。ゆでて5mm角に切ります。

1歳〜1歳6か月ごろ
ゆでて1cm角に切ります。

point
5〜8か月ごろまでは絹ごし豆腐を使い、9〜11か月ごろからは木綿豆腐も使えます。どちらも一度ゆでて殺菌してから、裏ごしなどをします。

point
耐熱容器に豆腐を入れ、ふんわりとラップをかけて電子レンジでの加熱殺菌もOK。電子レンジは食材を内側から加熱するため、表面が熱々ならば、しっかり殺菌された証拠です。

白身魚

高たんぱく低脂肪、うま味が強く吸収も◎

5〜6か月ごろ
ゆでて、繊維がほぐれるまですりつぶします。水分でのばし、なめらかにします。

7〜8か月ごろ
ゆですりつぶすか、1〜2mmほどにほぐします。とろみをつけると、食べやすくなります。

9〜11か月ごろ
ゆでて、5〜8mmほどにほぐします。

1歳〜1歳6か月ごろ
ゆでて、1cmくらいにほぐします。

point
白身魚には細かい繊維があるので、裏ごしではなく、繊維が切れるまですり鉢でよくすりつぶしてください。7〜8か月ごろまではとろみづけをすると、食べやすくなります。

point
「刺身1切れ＝約10g」と覚えておくと便利。切り身を切り分ける場合も、刺身1切れ分を削ぎ切りしましょう。加熱するときはパサつきに注意。電子レンジで加熱する場合は、耐熱容器に入れて水を加え、ラップをしてから。

離乳食のきほん

骨まで食べてカルシウムを摂取

しらす干し（ちりめんじゃこ）

5〜6か月ごろ
しらす干しをお湯で塩抜きし、すりつぶして裏ごしをしてなめらかに。

7〜8か月ごろ
しらす干しをお湯で塩抜きし、2〜3mmに刻みます。

9〜11か月ごろ
お湯で塩抜きし、5〜8mmほどに刻みます。ちりめんじゃこも食べられます。

1歳〜1歳6か月ごろ
お湯で塩抜きし、そのままで。大きければ、粗く刻みます。

point （動画はコチラ）
しらす干しもちりめんじゃこも塩分が多いので、茶こしに入れて熱湯をかけるか、熱湯に5分ほど浸して塩抜きし、茶こしなどで水気を切ります。まとめて塩抜きした後、小分けして冷凍保存もOK。

point
電子レンジでの塩抜きも可能。耐熱容器にかぶるぐらいの水を入れてラップをかけ、熱くなるまで加熱します。そのまま5分ほど蒸らしたら、塩抜き完了。水気を切って使用します。

大豆を発酵させ、より栄養価アップ

納豆

5〜6か月ごろ
なめらかにすりつぶせば、食べられます。初めてあげるときは、念のため加熱を。

7〜8か月ごろ
ひき割り納豆はそのまま。粒の納豆は、2〜3mmに刻みます。

9〜11か月ごろ
粒の納豆を5mmほどに刻みます。

1歳〜1歳6か月ごろ
粒の納豆をそのまま。

point
初めてあげるときは、念のため加熱を。7〜8か月からはひき割り納豆をそのまま食べさせられますが、粒のものを使うときは刻んでから。消化もしやすくなります。

point
独特の粘りを苦手に感じる赤ちゃんも。その場合は、ざるに入れて熱湯や水にしばらくつけて粘りを取りのぞいてください。流水で洗うのも効果的。

たんぱく質

卵
完全に火を通して卵黄を、耳かき1杯程度から

5〜6か月ごろ
かたゆでした卵黄をすりつぶして、多めの水分でのばします。

7〜8か月ごろ
かたゆでした卵黄をすりつぶして、水分でのばします。かたゆでしてすりつぶした卵白を混ぜても。

9〜11か月ごろ
かたゆでした卵白は2〜3mmのみじん切りから少しずつ大きくし、ほぐした卵黄を混ぜ合わせます。

1歳〜1歳6か月ごろ
かたゆでした卵白を5mm程度に刻み、ほぐした卵黄を混ぜ合わせます。

point
完全に火を通したかたゆで卵を使います。鍋に卵とかぶるぐらいの水を入れて火にかけ、沸騰後さらに10分間ゆでれば完成。半熟卵は、1歳以降から。

point
かたゆで卵であれば、簡単に卵黄と卵白を分けられます。卵黄1個まで食べられるようになる8か月前後から、徐々に卵白も与えられます。

point
かたゆでした卵黄は、フォークなどでもほぐせますが、密閉袋などに入れて、手でほぐすと簡単。さらにざるなどで裏ごしをすると、粉末に近い状態になります。

鶏ささみ
高たんぱく低脂肪で、お肉スタートに最適

5〜6か月ごろ
豆腐や白身魚に慣れてから。ゆでて凍らせたささみをすりおろし加熱します。おかゆなどに混ぜても。

7〜8か月ごろ
ゆでて、すりつぶしてなめらかにします。とろみをつけても。

9〜11か月ごろ
ゆでて、少し粒が残るくらいにすりつぶすか、1〜2mm大に切ります。とろみをつけても。

1歳〜1歳6か月ごろ
ゆでて、5mm角にほぐします。

point
筋が残っている場合は取りのぞきましょう。両脇に切り込みを入れ、筋の先端を引っ張りながらしごくように取りのぞきます。

point
熱湯でゆでた後に、繊維に沿って手で裂いて小さくほぐします。7〜8か月のうちは、さらにすりつぶして、とろみをつければ、より食べやすくなります。

point
先にそぎ切りしてから電子レンジで加熱すると、フォークで簡単にほぐれます。1本分につき片栗粉小さじ1/2をまぶし、水大さじ1を加えて40秒〜1分加熱。しっとりと仕上がります。

離乳食のきほん

鶏ささみの次はすりつぶしやすい鶏ひき肉から

鶏肉（ひき肉・胸肉・もも肉）

5〜6か月ごろ
まだ食べさせません。

7〜8か月ごろ
鶏ささみに慣れたら、鶏ひき肉、鶏胸肉、鶏もも肉の順に。

9〜11か月ごろ
鶏ひき肉をパラパラにするか、1cmサイズに丸めて肉団子にしてゆでて与えます。

1歳〜1歳6か月ごろ
鶏もも肉をゆでて、7mm〜1cmの厚さにそぎ切りし、ほぐして与えます。

point
鶏ひき肉に片栗粉と水を加えると、しっとりやわらかに。ひき肉50gに対し、片栗粉小さじ1/2と水大さじ1が目安。よく混ぜてラップし、電子レンジで40秒〜1分加熱後にほぐします。食べにくければ、とろみづけを。

point
ひき肉をお団子状にしたつくねは、9か月以降の赤ちゃんが大好きなメニュー。しっかり手でこねると粒がつぶれ、やわらかくなります。とろみをつければ、より食べやすく。

脂肪分は胃腸への負担が大きいので赤身肉を選ぶと○

牛肉・豚肉

5〜6か月ごろ
まだ食べさせません。

7〜8か月ごろ
赤身の牛や豚肉をゆでて、すりつぶしてなめらかにします。

9〜11か月ごろ
牛や豚の赤身ひき肉を1cmサイズに丸めて、肉団子に。薄切り肉は繊維を断ち切って1cmほどに切ります。

1歳〜1歳6か月ごろ
牛や豚の赤身薄切り肉は、片栗粉をまぶしてひと口大に切って、ゆでます。肉団子は2〜3cm大に。

point
9〜11か月ごろからは、赤身のしゃぶしゃぶ用の牛肉・豚肉を刻んで使います。ゆでたときに白い泡のように浮かび上がるのは、脂分が溶けた「あく」。しっかり取ります。

point
牛肉のたんぱく質は消化吸収に優れ、鉄分も豊富。しゃぶしゃぶ用でない薄切り肉は、たたいたり切ったりして、かみつぶしやすくします。

ビタミン・ミネラル

栄養価もほかの食材との相性もバッチリ　にんじん

5〜6か月ごろ
やわらかくゆでてすりつぶし、裏ごしします。水分でのばしましょう。

7〜8か月ごろ
やわらかくゆでて、すりつぶします。慣れてきたら2〜3mm角に刻みます。

9〜11か月ごろ
指で軽くつぶせるくらいのやわらかさにゆでて、5〜8mm角に切ります。

1歳〜1歳6か月ごろ
フォークがスッと通るくらいのやわらかさにゆでて、1cm角に切ります。

point
5〜6か月のうちは、やわらくゆでてからすりおろすとなめらかに。すりおろしてから火を通すと、ブツブツした感触が残り、赤ちゃんが嫌がることもあります。

5mm以上

point
5mm以上の厚さに切ってからゆでると、短い時間でやわらかく煮えます。電子レンジで加熱するときは、容器に水を入れてから。

栄養満点で甘みも強い、赤ちゃんに人気の食材　かぼちゃ

5〜6か月ごろ
やわらかくゆでてつぶし、裏ごしして水分でのばします。

7〜8か月ごろ
やわらかくゆでてつぶし、水分で硬さを調節します。

9〜11か月ごろ
やわらかくゆでて、粗くつぶします。慣れてきたら、刻んでも。

1歳〜1歳6か月ごろ
やわらかくゆでて、かじりとりやすい大きさに切ります。

point
やわらかくなったかぼちゃは、温かいうちにすり鉢でつぶしましょう。皮は加熱してからむくほうがラク。スプーンなどで実だけ簡単にすくいとれます。

point
電子レンジでも簡単にやわらかくなります。空気の通り道を作るようにふんわりとラップで包み、100gにつき2分を目安に加熱します。

離乳食のきほん

加熱で甘みアップ。調味料代わりにも

トマト

5〜6か月ごろ

皮と種を取りのぞき、加熱して裏ごしします。とろとろにしましょう。

7〜8か月ごろ

皮と種を取りのぞき、すりつぶすか、2〜3mmに刻みます。

9〜11か月ごろ

皮と種を取りのぞき、5mm角に刻みます。

1歳〜1歳6か月ごろ

皮と種を取りのぞき、1cm角に刻みます。

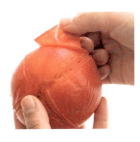

point
皮と種はとります。特に皮は消化しづらく、のどに貼りつくことも。皮をむくときはヘタの反対側に十文字の切り込みを。熱湯に入れて短時間加熱し、冷水に移すと、スルリとむけます（湯むき）。種はスプーンですくいとります。

point
ミニトマトの皮むきは、横半分に切って種をとり、切った面を下にして水少々と一緒に器に入れ、ラップをして電子レンジへ。1個につき10秒が、加熱の目安です。熱いうちに皮をむきます。

不足しがちな鉄分補給のために

青菜（ほうれん草、小松菜）

5〜6か月ごろ

葉先をやわらかくゆでて、すりつぶし、裏ごしをします。とろみもつけましょう。

7〜8か月ごろ

葉先をやわらかくゆでて、2〜3mm四方に刻みます。とろみをつけると食べやすくなります。

9〜11か月ごろ

葉と茎をやわらかくゆでて、5mm四方に刻みます。とろみをつけても。

1歳〜1歳6か月ごろ

葉と茎をやわらかくゆでて、1cm四方に切ります。

point
ほうれん草はあくが多くえぐみが強いので、沸騰したお湯でやわらかくゆでた後、冷水にさらしてしっかり洗います（あく抜き）。よく水気を絞ってから調理します。

point
青菜には繊維が多いので、はじめのうちはやわらかい葉の部分だけを使います。繊維が苦手な赤ちゃんは多いもの。ゆでた後もすりつぶしたり、細かく切ったり、とろみをつけたりなど、工夫をしてください。

ビタミン・ミネラル

くせのない味でビタミンも豊富　ブロッコリー

5〜6か月ごろ
小房をやわらかくゆでて、穂先を刻みます。すりつぶし、水分でのばします。

7〜8か月ごろ
小房をやわらかくゆでて、穂先を2〜3mm大に刻みます。とろみをつけても。

9〜11か月ごろ
小房をやわらかくゆでて、5mmくらいに刻みます。

1歳〜1歳6か月ごろ
小房をやわらかくゆでて、かじりとりやすい大きさに切ります。

point
茎は硬いので、5〜6か月ごろは穂先のやわらかい部分だけを使用。バラバラにならないよう小房の状態でゆでてから、穂先を包丁やキッチンバサミでそぎ切りします。

point
9〜11か月ごろからは、小房も食べられるように。やわらかくゆでて、5mm大ほどに切り分けます。ゆでるときに昆布を少し入れると、うま味がアップします。

弱った胃に効くビタミンUを含有　キャベツ

5〜6か月ごろ
やわらかくゆでて、細かく刻んですりつぶし、水分でのばします。

7〜8か月ごろ
やわらかくゆでて、すりつぶすか、1〜2mmのみじん切りにします。

9〜11か月ごろ
やわらかくゆでて、2〜3mmに刻みます。食べにくければ、とろみをつけて。

1歳〜1歳6か月ごろ
やわらかくゆでて、5mm〜1cmに刻みます。

△　◎

point
繊維が多いので、生ではかみ切れません。ゆでてから使いましょう。できれば内側のやわらかい葉を使い、葉脈も取りのぞいてください。

point
9〜11か月になっても歯ぐきで食べているうちは、葉を細かく刻んであげましょう。食べづらそうなときは、とろみをつけてもいいですね。

離乳食のきほん

たんぱく質食材との相性◎

白菜

5～6か月ごろ
葉先をやわらかくゆでて、細かく刻んですりつぶし、水分でのばします。

7～8か月ごろ
やわらかくゆでて、すりつぶすか、1～2mmのみじん切りに。葉の白い部分も食べられます。

9～11か月ごろ
やわらかくゆでて、2～3mmに刻みます。食べにくければ、とろみをつけて。

1歳～1歳6か月ごろ
やわらかくゆでて、5mm～1cmに刻みます。

point
ビタミンの流出をなるべく防ぐため、水分は少なめに。鍋に少なめのお湯をわかし、ざく切りにした葉を入れてふたをしたら、やわらかくなるまで「蒸す」イメージで加熱します。

point
繊維の筋っぽさが残ると赤ちゃんの食が進まないので、5～6か月ごろはやわらかくゆでた後に裏ごしします。温かいうちに裏ごしすると、よりなめらかに。

加熱すると甘くやわらかな味に

大根

5～6か月ごろ
やわらかくゆでて、裏ごしをし、水分でのばします。

7～8か月ごろ
指で軽く押してつぶせるやわらかさにゆで、2～3mm角に刻みます。

9～11か月ごろ
指で軽く押してつぶせるやわらかさにゆで、5mm角に切ります。

1歳～1歳6か月ごろ
フォークがスッと通るぐらいのやわらかさにゆで、1cm角に切ります。

point
葉に近い部分は繊維が多くて硬く、先の部分は辛みが強いというように、部位によって硬さや味に違いがあります。離乳食には甘みがあってやわらかめな中央部分を。皮は厚めにむきます。

point
1cm角に切り、水からゆでます。水から加熱すると、中まで火が通ってやわらかくなります。なお、葉の部分は緑黄色野菜として離乳食の具に。冷凍保存もできます。

ビタミン・ミネラル

かぶ

胃腸に優しい。葉は緑黄色野菜として

5〜6か月ごろ
やわらかくゆでて、裏ごしをし、水分でのばします。

7〜8か月ごろ
指で軽く押してつぶせるやわらかさにゆで、2〜3mm角に刻みます。

9〜11か月ごろ
指で軽く押してつぶせるやわらかさにゆで、5mm角に切ります。

1歳〜1歳6か月ごろ
フォークがスッと通るぐらいのやわらかさにゆで、1cm角に切ります。

point
皮の内側1〜2mmのところには、繊維の層が。ここは加熱してもやわらかくなりにくく赤ちゃんには食べづらいため、皮は厚めにむきます。大根と同じく水からゆでますが、大根より早くやわらかくなります。

point
一般的なメニューではくし形に切るものも多いですが、厚みが均一ではないため、加熱ムラが出てしまいがち。離乳食では均等に火が通るよう、いちょう切りにしましょう。

失敗しない&ラクラク

下ごしらえのポイント

まとめてゆでる
野菜を下ゆでするときは、1つの鍋でまとめて。たとえばにんじんと小松菜を使うときは、にんじんを水からゆで、ゆであがったらにんじんをすくい出し、再度お湯を沸騰させて小松菜をゆでます。時短になるうえ、洗い物も減らせます。

竹串でチェック
大根やかぼちゃなど、硬い野菜がゆであがったかを見ただけで判断するのは難しいもの。そこで役立つのが竹串。食材に竹串を刺し、スッと中まで通ったら、ゆであがってやわらかい証拠です。

食材はゆでてから
裏ごし、すりつぶす、すりおろす、ほぐすといった工程は、素材を加熱した後に。食感がなめらかになるうえ、生の状態からより手間もぐんと省けます。根菜やいも類は、ゆでて熱々のときのほうが簡単にすりつぶせます。

調味料にもなる食材
しらす干し、トマト、バナナ、ヨーグルト（無糖）は素材そのものの味が強いため、調味料の使用を減らせます。バナナやヨーグルトは、パサつく食材のとろみづけの役割も。

土の中＝水、土の上＝お湯から
大根やにんじん、じゃがいもなど「土の中で実をつける野菜・食材」は「水からふたをしてゆでる」。キャベツやブロッコリーなど「土の上で実をつける野菜」は「お湯から（沸騰してから）ふたをしないでゆでる」。こう覚えると、失敗がありません。

離乳食のきほん

生でもOK。5〜6か月ごろは加熱しても

バナナ

5〜6か月ごろ
刻んですりつぶし、水分を足してのばします。

7〜8か月ごろ
2〜3mm角に刻むか、フォークなどでつぶします。

9〜11か月ごろ
5mm角に刻みます。

1歳〜1歳6か月ごろ
手づかみ食べしたり、かじりとったりしやすいように、輪切りにします。

point
炭水化物も豊富なバナナは、皮をむいてすじをとり、そのまますりつぶして食べられます。端の部分は切り落としてフォークなどでつぶしてから与えてください。

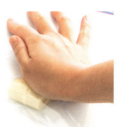
point
密閉袋に入れて空気を抜けば、手のひらで押すだけで簡単につぶせます。密閉しているので、変色も防げます。適量を取り出して使いましょう。

整腸作用があり、おなかの不調時にも◎

りんご

5〜6か月ごろ
やわらかくゆでて、すりつぶし、裏ごしをします。

7〜8か月ごろ
指で軽く押してつぶれるくらいのやわらかさにゆで、2〜3mm角に刻みます。

9〜11か月ごろ
指で軽く押してつぶれるくらいのやわらかさにゆで、5mm角に刻みます。

1歳〜1歳6か月ごろ
フォークがスッと通るぐらいのやわらかさにゆで、小さめのいちょう切りにします。

point
食べさせる分だけくし形に切り、皮や種を取りのぞきます。生でなく、加熱してから与えること。電子レンジでの加熱は、りんご10gに対し大さじ1の水を加え、ラップやふたをして1分半を目安に。

point
りんごの果肉は空気に触れると、酵素の働きで茶色くなってしまいます。切り口を水にさらすと変色を防げますが、水っぽくなるのでなるべく食べる直前に切るようにします。

アレンジメニューをご紹介
ベビーフードを活用しよう

毎日の離乳食づくりは大変。そんなときは迷わずベビーフードを活用!
成長や発達に合ったメニューや味付けになっています。

※各アレンジメニューの 部分が、ベビーフードです。

粉末・フレーク

お湯を入れるだけのものや、おかゆなどに混ぜるタイプ、そのままでも食べられる野菜のフレークなど。だしやスープの素は、手軽に味や風味を変えたいときに便利です。

5〜6か月ごろ
［例］ホワイトソース粉末タイプ×ペーストしたじゃがいも＝ポテトグラタン風

7〜8か月ごろ
［例］混ぜごはんの素粉末タイプ×豆腐（絹ごし）＝白和え

9〜11か月ごろ
［例］レバー粉末タイプ×マッシュポテト＝レバー入りポテト

1歳〜1歳6か月ごろ
［例］混ぜごはんの素粉末タイプ×刻んだ好みの野菜×軟飯＝チャーハン

- 栄養バランスも安心!〈千葉県・30代〉
- 手間のかかる食材や、調理しにくい食材なども与えられる!〈岩手県・20代〉
- 硬さや大きさの目安が分かるので助かります。〈栃木県・30代〉
- 腹ペコの赤ちゃんにすぐあげられて便利!〈愛知県・30代〉ほか
- 初めての食材を使うときに、少量から使えて便利!〈埼玉県・40代〉

「毎日の献立に取り入れて、無理なく離乳食作りをしている」という先輩ママたちのアンケート結果もあります。

Q1 市販のベビーフードは利用した?または現在利用している?
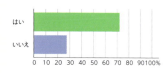

Q2 Q1で「はい」と答えた方へ。お子さんの月齢が何か月ごろによく使った?(複数回答可)
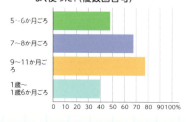

Q3 Q1で「はい」と答えた方へ。ベビーフードを利用した(している)頻度は?
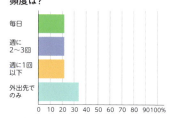

※アレンジ案に掲載したベビーフード名は、一例です。身近で購入できる似たものをお使いください。
※本書内のアンケートは、ベビーカレンダーがユーザーに対し2018年12月に行ったものです(調査件数717件)。

離乳食のきほん

フリーズドライ

調理後に急速冷凍し、さらに真空・乾燥させているため、風味や色合いが損なわれにくいのが特徴。必要な分だけお湯に戻して使えます。

5～6か月ごろ
[例] 白身魚フリーズドライ×野菜スープorだし汁＝白身魚のスープ

7～8か月ごろ
[例] ほうれん草フリーズドライ×ホワイトソース＝ほうれん草シチュー

9～11か月ごろ
[例] 白身魚フリーズドライ×軟飯＝白身魚のおにぎり

1歳～1歳6か月ごろ
[例] ほうれん草フリーズドライ×ホットケーキミックス＝ほうれん草のパンケーキ

びん詰め

メニューが豊富で、月齢に合わせた調理の工夫がされています。ふたを開けてそのまま与えられるので、外出時にも便利。

5～6か月ごろ	[例] 裏ごしコーンびん詰め×裏ごししたブロッコリー＝野菜のコーン和え
7～8か月ごろ	[例] 角切り野菜びん詰め×5倍がゆ＝野菜あんかけ丼
9～11か月ごろ	[例] 果物のびん詰め×やわらかくゆでて刻んだにんじん＝にんじんのフルーツ和え
1歳～1歳6か月ごろ	[例] 果物のびん詰め×サンドイッチ用食パン＝フルーツサンド

レトルト

パウチされたレトルトタイプは、お皿に移してそのまま食べられますが、パウチごと温めるとさらにおいしくなります。主食・主菜・副菜とメニュー豊富で、月齢に応じた食材の硬さ・大きさです。

1歳～1歳6か月ごろ
[例] シチューレトルト×軟飯にかけてトースターで焼く＝ドリア風
[例] シチューレトルト×ゆでたスパゲッティ＝クリームパスタ
[例] きんぴらレトルト×軟飯にかける＝きんぴら丼
[例] きんぴらレトルト×溶き卵でとじる＝きんぴらの卵とじ

■アレンジ考案：平沼亜由美

COLUMN 1

時間がないときに役立つ！おすすめ食材

手間を省けるところはなるべく省きたい。
そんなときに役立つ食材や調味料をご紹介します。

1 注ぐだけの液状味噌

「液状味噌」はその名の通り液体なので、注ぐだけで溶けて風味がついて便利。だし入りの商品が多く、なかにはアレルギーが気になる貝だし入りのものもあるので、確認してから購入してください。

2 かけるだけでとろみづけ

水溶き片栗粉は、少し時間をおくと固まってしまうことも。一方、『とろみちゃん』など顆粒タイプの片栗粉であれば、食材にふりかけるだけ。ダマになりにくく、簡単に好みのとろみがつけられます。水分が足りないときは少し水を足して。

3 野菜フレーク・野菜パウダー

野菜をそのままフレーク状やパウダー状にした製品です。お湯を加えてかき混ぜれば、離乳食にも使えます（硬さは水量で調節）。牛乳で溶いてスープに、少量の水とゆでたじゃがいもに混ぜてポテトサラダに、などアレンジして。また、蒸しパンやパスタなどに混ぜ込んで色づけもできるなど、用途はさまざま。

4 必要分だけムダなく野菜を

冷凍ミックスベジタブルはさまざまな野菜が小さくカットされており、必要な分だけを取り出して使えます。火を通すだけでは硬いと感じる場合は、刻んだりつぶしたりなど工夫して。

5 無塩のトマトジュース

離乳食初期でのトマトの下ごしらえは、皮をむいたり種を取りのぞいたりといろいろ面倒。そんなときは、無塩のトマトジュースを使いましょう。ペースト状になった無塩のトマト缶も、同じように使えます。

6 意外と使える高野豆腐

豆腐を凍結・乾燥させて作る高野豆腐も、離乳食で使えます。5〜6か月ごろは乾燥した状態のまますりおろし、7〜8か月以降は戻したものを小さく切り分けて調理できます。

7 パラパラ状のひき肉

1つずつパラパラとほぐれた状態で冷凍されているひき肉もあります。肉同士がくっついていないので必要分を簡単に取り出せ、火の通りも早いので重宝します。鶏むね・鶏ささみ・豚・牛と豚の合いびきなど、いろいろあります。

8 キューブ状の野菜ピューレ

さまざまな野菜を裏ごししたり、ピューレ状にした商品も、各メーカーから発売されています。一定量がキューブ状になっており、量をはかる手間が省けて便利。離乳食にはもちろん、ハンバーグやお菓子作り、ソースなど、大人の料理にもアレンジできます。

9 麩は食材＆とろみづけに

たんぱく質の摂取には麩も◎。食材としてはもちろん、片栗粉の代わりにとろみづけにも使えます。乾燥食品なので日持ちしますし、乾燥した状態ですりおろせば刻む手間も省けます。小麦のたんぱく質が原料なので、はじめは赤ちゃん用スプーン1さじほどから与えましょう。

食物アレルギーについて

COLUMN 2

食物アレルギーの発症に影響する要因としては、遺伝的要因、皮膚バリア機能の低下、特定の食物の摂取開始時期の遅れなどが知られています。

離乳食の開始を遅らせても食物アレルギーの発症予防効果なし

2019年に改定された「授乳・離乳の支援ガイド」では、「特定の食物の摂取開始を遅らせても食物アレルギーの発症予防効果があるという科学的根拠はない」と発表。自己判断で遅らせたりせずに、適切な時期に与えましょう。

とはいえ、0〜1歳の乳幼児期は、食物アレルギーが起こりやすい時期。初めて食べさせるときは「1日1種類を1さじ（卵はかたゆでした卵黄を耳かき1さじ程度）」ずつ、午前中に与えましょう。もし症状が出てしまっても、病院が開いている時間なので安心です。

7大アレルゲン一覧：えび、かに、卵、牛乳、小麦、そば、落花生

アレルギーの主な症状

全身	呼吸困難、意識の低下
目	かゆみ、充血、まぶたの腫れ、涙
鼻	くしゃみ、鼻水、鼻づまり、かゆみ
口	唇や口内の腫れ、かゆみ、口内の違和感
のど	かゆみ、腫れ、咳、呼吸困難
胃腸	腹痛、嘔吐、下痢、血便
皮膚	じんましんや湿疹、かゆみ

自己判断せず医師の診断を

食物アレルギーの症状には個人差がありますが、主に左に挙げたような反応が起こります。口に入れたときに嫌がったり吐き出したりしたときは、無理に食べさせずに様子を見てください。アレルギー症状が出たと思われる場合には、自己判断せずに必ずアレルギー専門医の診断を受けましょう。

食物アレルギーの原因食品の除去は、医師の診断のもとに行います（除去食）。

Part 2

時期別に詳しくご紹介

月齢ごとの
離乳食メニュー

成長や発達によって、赤ちゃんが食べられるもの・量・形状は変わっていきます。
ここでは、月齢ごとのレシピやアレンジ例、調理のポイントなどをまとめました。
離乳期の食べ方は個人差が大きいもの。
あくまでも月齢は目安です。
食が進まなかったら、食材や硬さなどを前の段階に戻すなどして
ゆっくり進めてくださいね。

5〜6か月ごろの進め方

慣れることが大切な時期

母乳やミルク以外を初めて口にするので、まずは離乳食に慣れることが大切。焦らず、少しずつ進めましょう。

はじめたころ

スタートの目安

- ☐ 5〜6か月になった（早産児の場合は修正月齢で）
- ☐ 首がすわり、支えがあれば座れる
- ☐ 大人が食事をしていると、声を出す、よだれを出す、口をもぐもぐと動かすなどして興味をもっている
- ☐ スプーンなどを口に入れたとき、舌で押し出すことが少なくなった

これらがあてはまったら、離乳食をスタートしましょう。

まずは、スプーンを口に慣れさせることから

5〜6か月になり、大人の食事中に口を動かしたり、よだれが出てきたりと食べ物に興味をもちはじめたら、そろそろ離乳食。遅くても6か月ごろにははじめましょう。赤ちゃんの体調と機嫌のよい日の**平日午前10時ごろに離乳食を、その後に母乳やミルクを与えます**。もし食後に体調が悪くなっても、午前中であれば病院が開いているので安心です。

母乳やミルクという液体以外の食べ物を口にするのは、赤ちゃんにとって大きな変化。スプーンを嫌がったり、口から出したりすることもあるかもしれません。まずは、母乳やミルク以外の味に慣れ、食べ物を飲み込めるようになることが大切です。エネルギーや栄養素のほとんどは母乳やミルクからとるので、授乳はリズムに沿って欲しがるだけあげます。

はじめの1か月ごろの進め方

スタート → 1週間 → 1か月

- 炭水化物（おかゆ）：最初は10倍がゆをとろとろにすりつぶしたものからスタート。
- ビタミン・ミネラル：おかゆに慣れたら野菜や果物を。
- たんぱく質：豆腐や白身魚、卵黄にもチャレンジ。

☆初めての食材は1種類ずつ、赤ちゃん用のスプーン1さじからスタート。2〜3日は同じ食材をあげて慣れさせます。3〜4日かけて小さじ3ぐらい、1か月で小さじ10程度まで、少しずつ量を増やしていきます。

月齢別レシピ

初期
5〜6か月ごろ

はじめの1か月のスケジュール例

午前中の授乳前に離乳食を与えます。

母乳やミルクでおなかがいっぱいになり、離乳食を食べなくなってしまわないよう、授乳前に離乳食をあげます。

6:00 母乳・ミルク
10:00 離乳食 / 母乳・ミルク
14:00 母乳・ミルク
18:00 母乳・ミルク
22:00 母乳・ミルク

口の発達に合わせた食べさせ方

動画はコチラ

食べさせ方

なめらかにすりつぶして。ざらざら感があると、むせたりのどに詰まらせたりしてしまいます。

日本歯科大学教授
Dr.田村文誉のアドバイス
スプーンに慣れさせて、ごっくんできるのが目標。焦らずに。

1 スプーンを下唇の上におく

スプーンの先に少量の食べ物をのせて、下唇中央にあてて、自然に口があくのを待って。

ちょんちょんと唇をスプーンでつついてもOK

2 スプーンを水平に保つ

下唇にスプーンをおいたまま、口があいたら上唇が自然に下りてくるのを待って。

口の中の動き

舌は前後に動きます

舌を前後に動かし、舌の上にのった食べ物を奥に押し込んでごっくんと飲み込みます。つぶしたり、かむことはできません。

3 水平に引き抜いてごっくん

スプーンを水平に引き抜いて、ごっくんと飲み込んだかを確認。これらをくり返します。

食べさせる姿勢

膝の上で抱っこして支えます

抱っこして、やや後ろに傾けると、飲み込みやすくなります。

NG
● スプーンを奥まで入れない。
→ 舌を使って奥に飲み込む練習になりません
● スプーンを上あごにこすりつけない。
→ 自分で口を閉じて飲み込めません

はじめて1か月をすぎたころ

2回食に進める目安

- ☐ 離乳食をはじめて1か月ほどすぎ、喜んで食べている
- ☐ ポタージュ状のとろとろの離乳食をごっくんと飲み込めている
- ☐ おかゆのほか、野菜、豆腐、白身魚、しらすなどを食べられる

離乳食は、決まった時間に与えましょう。

午後にも離乳食を増やし、2回食にします。

豆腐や白身魚を与えさらに2回食へと進みます

離乳食をはじめて1か月ほど経ったら、たんぱく質源である豆腐・白身魚・しらす干しなどをあげてみましょう。最初は赤ちゃん用スプーンの1さじからスタート。3日ほど同じ分量を与え、体調などに問題がなければ徐々に増やしていきます。1か月で小さじ10程度が目安です。

形状は、今までの液体に近いポタージュ状から、少し水分を減らしてヨーグルト状に。嫌がったり食べたがらなかったりしたら、少し前の状態に戻したりしながら慣れさせていきます。

おかゆや野菜、豆腐や白身魚などを食べられるようになってきたら、2回食へと進みます。**1回目は今まで通りの時間と分量で、2回目は1回目より少ない分量に**します。慣れてきたら、1回目と同じぐらいの分量にします。1回目が午前10時ならば、2回目は午後2時ぐらいが理想的。食事時間を一定にすると、空腹と満腹のリズムがついて2回ともスムーズに食べるようになっていきます。

この時期のスケジュール例

午後の授乳前にも、離乳食をプラス。食事のリズムを作ります。

6:00 母乳・ミルク
10:00 離乳食／母乳・ミルク
12:00
14:00 離乳食／母乳・ミルク
18:00 母乳・ミルク
22:00 母乳・ミルク

授乳から4時間以上あけると、空腹感があるのでスムーズに食べることが多いです。

52

月齢別レシピ

【初期】5〜6か月ごろ

堤先生に聞く 5〜6か月ごろの気がかりQ&A

Q 舌でスプーンをべぇーっと出してしまいます

A 押し出しの反射かも。慣れさせてあげて

生まれつきの反応に「舌突出反射」というものがあります。これは、固形物を口に入れると反射的に押し出してしまうもの。離乳食をはじめる前の生後4か月ごろには自然に消滅することが多いのですが、赤ちゃんによっては残っていることも。ほどなく消える反射なので、しばらく日をおいてから、離乳食を開始します。

Q やわらかくすりつぶしているのに食べてくれません

A つぶつぶ感が残っているのかも

離乳食がとろとろになっているかを、見直してみましょう。赤ちゃんの口はとっても繊細。初期は少しのつぶつぶが気になり、食べないこともあります。裏ごしを丁寧にすることで、とろとろになりますよ。加減が分かりにくければ、市販のベビーフードを味見して食感を確かめてみるのがおすすめです。

Q 離乳食をはじめたら、うんちがやわらかくなった気が……。お腹を壊した?

A 機嫌がよく、食欲もあれば○K

離乳食をはじめるとうんちがやわらかくなることは、多くの赤ちゃんにみられます。母乳やミルクしか口にしてこなかったのに、離乳食を食べるようになり、腸内環境が変わってくるからです。慣れてくると、普通のうんちに戻ることがほとんどです。ただし機嫌が悪かったり、水っぽいうんちをくり返すならば、医師の診察を受けてください。

Q あっという間に食べ終えてしまい、もっともっと欲しがります。

A 1口あげたら、少し間をあけてみましょう

よく食べるからといって、次々にあげていませんか。1口あげたら「おいしいね」「どんな味がするかな?」と話しかけるなどして、次の1口まで時間をおいてみてください。1口1口に時間をかけて、食事時間が楽しめるような工夫ができるとよいですね。

53

5〜6か月ごろ
食材の形状と分量
（1回あたり）

炭水化物

最初はポタージュ状、後半はヨーグルト状に

最初は、10倍がゆをすりつぶし、とろとろのポタージュ状に。後半になったら、少し水分を減らして、つぶ感が残る程度にします。

ほかの炭水化物食材・目安量
10倍がゆに慣れたら、いも類やパンがゆやうどんがゆなどを1さじから、徐々に増やす。

例：10倍がゆ

1か月をすぎたころ
小さじ10程度

はじめたころ
赤ちゃん用スプーン1さじから、3〜4日かけて小さじ3程度に増やす

献立のポイント

にんじんきな粉 (p.67)

トマトと麩のおかゆ (p.60)　白身魚のミルク煮 (p.66)

さまざまな食の体験を

この時期は離乳食を飲み込むこと、その舌触りや味に慣れることが主な目的。栄養面はあまり気にせず、いろいろな食材を体験させて食の幅を広げてあげましょう。

月齢別レシピ

初期

5〜6か月ごろ

たんぱく質

すりつぶして、とろとろに。とろみをつけて飲み込みやすく

豆腐はすりつぶしてとろとろに。白身魚はすりつぶし、とろみをつけて飲み込みやすく。卵黄はかたゆでしたものをすりつぶし、とろみをつけて、水分でのばして。

ほかのたんぱく質食材・目安量
白身魚は赤ちゃん用スプーン1さじから10gを超えない程度、卵黄は耳かき1さじから卵黄1個を超えない程度まで徐々に増やす。

慣れてきたら
30gを超えない程度まで徐々に増やす

例：豆腐（絹ごし）

おかゆや野菜に慣れたころ
赤ちゃん用スプーン1さじから。徐々に増やす

例：にんじん

ビタミン・ミネラル

最初はすりつぶしてとろとろに、後半は水分を少し減らします

最初は、すりつぶして、裏ごしをしてなめらかにします。ゆで汁、だし汁などでのばして。1か月ほど経ったら少し水分を減らし、ヨーグルト状になるように。

ほかのビタミン・ミネラル食材・目安量
1さじから、野菜・果物20gを超えない程度まで徐々に増やす。

はじめたころ
スタートから1週間ほど経ち、おかゆに慣れたら赤ちゃん用スプーン1さじから。徐々に増やす

1か月をすぎたころ
20gを超えない程度まで徐々に増やす

※分量は、1種類だけを使う場合の量です。2種類以上使うときは、それぞれの量を減らして調整してください。

月齢別レシピ

ペーストの作り方

初期 5〜6か月ごろ

ペーストは5〜6か月ごろの離乳食の、基本の形状。おかゆに慣れたら野菜のペーストを、その次は白身魚のペーストへ。初めてのころは裏ごしをしてなめらかにすると、飲み込みやすくなります。

ブロッコリーのペースト

❀ 作り方
1 小房をやわらかくなるまで5〜6分ゆでる。
2 穂先だけを刻み、すりつぶす。
3 お湯などでのばす。

にんじんのペースト

❀ 作り方
1 皮をむき、7〜8mm厚さの半月切りにする。
2 10〜15分ほどやわらかくなるまでゆでる。
3 裏ごしをする。硬ければ、お湯などでのばして調整を。

キャベツのペースト

❀ 作り方
1 葉のやわらかいところだけをゆでる。
2 細かく刻んですりつぶす。
3 お湯などでのばす。

小松菜のペースト

\動画はコチラ/

❀ 作り方
1 葉先をやわらかくなるまでゆでる。
2 軽く水気を切って細かく刻んでから、すりつぶす。
3 裏ごしをし、お湯などでのばす。

鯛のペースト

❀ 作り方
1 鯛の刺身1切れをゆでて、すりつぶす。
2 お湯などでのばす。

かぼちゃのペースト

❀ 作り方
1 ふんわりとラップで包み、電子レンジで2分ほど加熱。
2 皮と種を取りのぞき、すりつぶす。
3 裏ごしをし、お湯などでのばす。

※お湯だけでなくゆで汁、だし汁などでものばすことができます。なお、ほうれん草などあくが強いもののゆで汁は使いません。

5～6か月ごろの おすすめレシピ

おかゆからスタートし、野菜、白身魚などのたんぱく質へと進めていきます。
思うように食べてくれなくても、赤ちゃんのペースを大事にしましょう。

主食

甘みのあるにんじんで栄養価アップ
にんじんのおかゆ

`炭水化物` `ビタミン・ミネラル`

❀ 材料（作りやすい分量）

米…1/2カップ
水…5分がゆの目盛りまで
※ご家庭の炊飯器の設定に合わせてください
にんじん…50g

❀ 作り方

1 といだ米と水を、炊飯器の釜に入れる。
2 にんじんの皮をむいてすりおろし、1 へ入れて炊く。
3 炊きあがったら、なめらかにすりつぶす。

ポイント
小分けにしてフリージングを。1週間を目安に使い切ります。

＼動画はコチラ／

ミルクの甘みで食べやすい
ミルクがゆ

`炭水化物`

❀ 材料（1食分）

10倍がゆ(p.24)…大さじ2
育児用ミルク…大さじ1

❀ 作り方

鍋に10倍がゆ、育児用ミルクを入れて混ぜ、ひと煮立ちさせる。

ポイント
ミルクの甘みがあるので、おいしく食べられます。ゆですりつぶしたにんじんを加えても。

58

月齢別レシピ

初期 5〜6か月ごろ

青菜もおかゆに混ぜれば食べやすい
小松菜のおかゆ

`炭水化物` `ビタミン・ミネラル`

材料(1食分)
- 10倍がゆ(p.24)…大さじ2
- 小松菜(葉先)…1g

作り方
1. 小松菜の葉先をやわらかくゆでて細かく刻み、裏ごしをしてゆで汁でなめらかにのばす。
2. 10倍がゆを器に盛り、小松菜をのせる。

ポイント

青菜を刻むときは、縦方向、横方向と両方から刻むと、細かく刻めます。

卵の黄身にチャレンジ
卵黄入りにんじんがゆ

`炭水化物` `たんぱく質` `ビタミン・ミネラル`

材料(1食分)
- 10倍がゆ(p.24)…大さじ2
- にんじん…5g
- 卵黄…1/4個

作り方
1. にんじんは皮をむいてすりおろす。
2. 鍋に10倍がゆとにんじんを入れ、しっかり火を通す。
3. 卵はかたゆでにし、黄身のみを細かくほぐして、器に盛りつけたおかゆにのせる。

ポイント
おかゆは1回分ずつ小分けしてフリージングするのもおすすめ。1週間を目安に食べ切ります。

おいもは赤ちゃんも大好き
じゃがいものおかゆ

`炭水化物`

材料(2食分)
- 10倍がゆ(p.24)…大さじ2
- じゃがいも…15g
- だし汁(p.26)…大さじ1

作り方
1. 皮をむいたじゃがいもを水にさらしてあくを抜き、やわらかくなるまでゆでる。すりつぶして裏ごしする。
2. 鍋に10倍がゆ、だし汁、じゃがいもを入れ、ひと煮立ちさせる。

ポイント

じゃがいもはすりつぶしやすい食材です。もったりとするので、ゆで汁やだし汁などで調整します。

白身魚でたんぱく質をプラス
ほうれん草と鯛のおかゆ

`炭水化物` `たんぱく質` `ビタミン・ミネラル`

材料（1食分）
- 10倍がゆ(p.24)…大さじ2
- 鯛(刺身用)…10g
- ほうれん草…5g

ポイント
鯛は使う分量が少ないので、「お刺身1切れ」がおすすめ。鯛の代わりにひらめやタラでも。おかゆを混ぜると、食べやすくなります。

作り方
1. ゆでた鯛にゆで汁を少し足して、すり鉢で細かくすりつぶす。
2. ほうれん草の葉先をやわらかくゆでて水にさらしてあく抜きをし、刻んですりつぶす。裏ごしをし、お湯などでのばす。
3. 10倍がゆを器に盛り、鯛とほうれん草をのせる。

電子レンジでお手軽に
トマトと麩のおかゆ

（小麦粉）

`炭水化物` `たんぱく質` `ビタミン・ミネラル`

材料（1食分）
- 10倍がゆ(p.24)…大さじ2
- ミニトマト…1個
- 麩…小1/2個
- お湯(または育児用ミルク)…大さじ1と小さじ1

作り方
1. ミニトマトは半分に切って水少々を耐熱容器に入れ、ラップをかけて電子レンジで10秒加熱する。
2. 1を冷水にとり、皮と種を取りのぞいて裏ごしする。
3. 麩をすりおろし、お湯でふやかす。
4. 10倍がゆに麩を混ぜ、ラップをかけて電子レンジで20秒加熱したら、トマトをのせる。

ジューシーなりんごでデザート風に
りんごのおかゆ

`炭水化物` `ビタミン・ミネラル`

材料（1食分）
- 10倍がゆ(p.24)…大さじ2
- りんご…1cmの厚さのくし形切り1個

作り方
1. 皮をむいたりんごをすりおろし、耐熱容器に入れてラップをし、電子レンジで約20秒加熱する。
2. 鍋に10倍がゆとりんごを入れて、ひと煮立ちさせる。

主食

60

月齢別レシピ

初期
5〜6か月ごろ

色味もカラフルに
リゾット風おかゆ

`炭水化物` `たんぱく質` `ビタミン・ミネラル`

材料（1食分）
- 10倍がゆ(p.24)…大さじ2
- 鯛(刺身用)…10g
- 玉ねぎ…5g
- ミニトマト…1個
- ほうれん草(葉先)…3g

アレンジ
野菜スープ（大さじ2）を入れて煮ると、うま味がアップ。

作り方
1. 鯛はゆでてゆで汁を少し足し、すりつぶす。玉ねぎをやわらかくゆでて、すりつぶす。
2. ミニトマトを半分に切って水少々と耐熱容器に入れ、ラップをかけて電子レンジで10秒加熱し、皮と種を取りのぞいて裏ごしする。10倍がゆと混ぜる。
3. ほうれん草の葉先をやわらかくゆで、水にさらしてあくを抜く。すりつぶし、裏ごししてお湯などでのばす。
4. 2を器に盛り、1と3をのせる。

なめらかにすりつぶして飲みこみやすく
しらすと枝豆のおかゆ

`炭水化物` `たんぱく質` `ビタミン・ミネラル`

材料（1食分）
- 10倍がゆ(p.24)…大さじ2
- しらす干し…小さじ1
- 枝豆(ゆでたもの)…2粒

作り方
1. しらす干しを塩抜きし、すりつぶして裏ごしをする。
2. 枝豆は薄皮をむき、なめらかにすりつぶしてゆで汁でのばす。
3. 10倍がゆを器に盛り、枝豆としらす干しをのせ、食べるときに混ぜる。

ポイント

少量のしらすの塩抜きは、茶こしに入れて熱湯をかけると簡単。

さつまいもとミルクのやさしい甘み
スイートミルクうどん

`炭水化物`

材料（1食分）
- ゆでうどん…10g
- 育児用ミルク…大さじ2〜3
- さつまいも…5g
- きな粉…少々

作り方
1. ゆでうどんは小さく刻む。鍋にうどんと育児用ミルクを入れ、やわらかくなったら煮汁と一緒にすりつぶし、器に盛る。
2. さつまいもは皮をむいたら水にさらしてあくを抜き、やわらかく煮て裏ごしをする。
3. うどんにさつまいもをのせ、きな粉をかける。

主食

いろいろな野菜を一度にとれる
野菜のミルクうどんがゆ

`炭水化物` `ビタミン・ミネラル`

材料（1食分）
- ゆでうどん … 10g
- 育児用ミルク … 大さじ2〜3
- にんじん … 5g
- じゃがいも … 5g
- 玉ねぎ … 5g
- ブロッコリー(穂先) … 少々

作り方
1. 皮をむいたにんじん、皮をむいて水にさらしてあくを抜いたじゃがいも、玉ねぎをゆでる。やわらかくなったら、ゆでうどんを入れてさらに煮る。
2. 1をすりつぶし、育児用ミルクを加えてのばして、器に盛る。
3. ブロッコリーをゆでてすりつぶし、お湯でのばしてペーストにしてから2にのせる。

鯛がうどんにからんで食べやすい
鯛とりんごのうどんがゆ

`炭水化物` `たんぱく質` `ビタミン・ミネラル`

材料（1食分）
- ゆでうどん … 12g
- 鯛(刺身用) … 10g
- りんご … 5g
- だし汁(p.26) … 大さじ3

作り方
1. ゆでうどんは小さく刻み、だし汁で煮る。ゆであがったら、煮汁と一緒にすりつぶし、器に盛る。
2. 鯛はゆでてすりつぶし、ゆで汁を加えてのばす。
3. りんごはゆでてすりつぶし、ゆで汁を加えながらのばす。
4. 1に鯛とりんごをのせる。

ポイント
りんごはざく切りにしてからゆでると、短時間でやわらかくなります。

豆乳がコクとうま味をアップ
豆乳うどん

`炭水化物` `たんぱく質` `ビタミン・ミネラル`

材料（1食分）
- ゆでうどん … 12g
- 白菜 … 10g
- 豆腐(絹ごし) … 20g
- 豆乳 … 大さじ1
- だし汁(p.26) … 小さじ1/2
- 水溶き片栗粉(p.22) … 少々

作り方
1. ゆでうどんと白菜は細かく刻んでゆで、すりつぶす。
2. 鍋にだし汁を入れ、1を入れて20分煮る。水溶き片栗粉を加え、とろみがつくまで加熱し、器に盛る。
3. ゆでてすりつぶした豆腐と豆乳をひと煮立ちさせ、2にのせる。

62

月齢別レシピ

初期 5〜6か月ごろ

かぼちゃの甘みを感じる
豆腐と小松菜のかぼちゃうどん

`炭水化物` `たんぱく質` `ビタミン・ミネラル`

★ 材料（1食分）
- ゆでうどん…12g
- かぼちゃ…5g
- 豆腐（絹ごし）…5g
- 小松菜（葉先）…5g
- だし汁（p.26）…大さじ2〜3

★ 作り方
1. 細かく刻んだゆでうどんとだし汁を、やわらかく煮る。煮汁と一緒にすりつぶして、器に盛る。
2. 豆腐はゆでて、裏ごしする。
3. 小松菜はやわらかくゆでて裏ごしし、ゆで汁でのばす。
4. かぼちゃは皮と種をとってやわらかくゆで、裏ごししてゆで汁でのばす。
5. 1に、豆腐、小松菜、かぼちゃをのせる。

トマトのうま味を感じる
タラトマうどん

`炭水化物` `たんぱく質` `ビタミン・ミネラル`

★ 材料（1食分）
- ゆでうどん…12g
- タラ（生）…10g
- トマト…5g
- だし汁（p.26）…大さじ2〜3

★ 作り方
1. 鍋に細かく刻んだゆでうどんとだし汁を入れて、やわらかく煮る。煮汁と一緒にすりつぶし、器に盛る。
2. タラは皮と骨をとってゆでてすりつぶし、少量のゆで汁を加えてのばす。
3. トマトは湯むきをし（p.39）、種をとってすりつぶす。
4. 1にタラとトマトをのせる。

ポイント  トマトの皮むきは、底に切り込みを入れて沸騰したお湯にくぐらせます。

ミルクの甘みで食べやすい
ミルクパンがゆ

`炭水化物` `たんぱく質`

★ 材料（1食分）
- 食パン（8枚切り）…1/4枚
- 育児用ミルク…大さじ2〜3
- 鯛（刺身用）…10g

★ 作り方
1. 食パンは耳を切って軽くトーストし、細かくちぎる。
2. 鍋に1と育児用ミルクを入れ弱火で5分煮てすりつぶし、器に盛る。
3. 鯛をゆでてすりつぶし、ゆで汁を加えてのばす。
4. 2に鯛をのせる。

ポイント  鯛などの白身魚はパサついて食べにくいので、ゆで汁などでのばします。

かぼちゃの甘みで食べやすく
ミルクパンがゆのかぼちゃ添え

`炭水化物` `ビタミン・ミネラル`

材料（1食分）
食パン…5g
育児用ミルク…大さじ2〜3
かぼちゃ…10g

作り方
1 食パンは耳を切って軽くトーストし、細かくちぎる。
2 鍋に1と育児用ミルクを入れて弱火で5分煮てすりつぶし、器に盛る。
3 かぼちゃは皮と種をとり、ゆでて小さく切って裏ごしする。ゆで汁を加えてのばす。
4 2にかぼちゃをのせる。

ポイント
ゆでたかぼちゃは、ビニール袋に入れて手で簡単につぶせます。5〜6か月のうちは、裏ごしをしてよりなめらかに。

トマトの赤がアクセントに
トマトパンがゆ

`炭水化物` `ビタミン・ミネラル`

材料（1食分）
食パン…5g
育児用ミルク…大さじ2〜3
トマト…10g

作り方
1 食パンは耳を切って軽くトーストし、細かくちぎる。
2 鍋に1と育児用ミルクを入れて弱火で5分煮た後にすりつぶし、器に盛る。
3 トマトは湯むき(p.39)をし、種をとって裏ごしする。
4 2にトマトをのせる。

魚のうま味がきいたパンがゆ
ひらめと野菜のパンがゆ

`炭水化物` `たんぱく質` `ビタミン・ミネラル`

材料（1食分）
食パン…5g
育児用ミルク…大さじ2〜3
ひらめ（刺身用）…10g
にんじん…5g
小松菜（葉先）…5g

作り方
1 食パンは耳を切って軽くトーストし、細かくちぎる。
2 鍋に1と育児用ミルクを入れ弱火で5分煮てすりつぶし、器に盛る。
3 ひらめはゆでてすりつぶし、ゆで汁を加えてのばす。
4 皮をむいたにんじん、小松菜をやわらかくゆでて裏ごしし、ゆで汁でのばす。
5 2にひらめ、にんじん、小松菜をのせる。

ポイント
淡白な味わいのひらめは、離乳食で使いやすい食材です。

月齢別レシピ

初期 5〜6か月ごろ

バナナときな粉の甘みがきいている
パンがゆのバナナきな粉のせ

`炭水化物` `ビタミン・ミネラル`

材料（1食分）
- 食パン…5g
- 育児用ミルク…大さじ2〜3
- バナナ…5g
- きな粉…少々

作り方
1. 食パンをは耳をとって軽くトーストし、細かくちぎる。
2. 鍋に1と育児用ミルクを入れ弱火で5分煮てすりつぶし、器に盛る。
3. 耐熱容器にバナナを入れてラップをし、電子レンジで20〜30秒加熱してすりつぶす。お湯を加えてのばす。
4. 2にバナナをのせて、きな粉をふりかける。

主菜

豆腐とかぼちゃで栄養◎
かぼちゃプラス豆腐

`たんぱく質` `ビタミン・ミネラル`

材料（作りやすい分量）
- かぼちゃ…50g
- 豆腐（絹ごし）…25g

作り方
1. かぼちゃは皮と種をとり、小さく切る。やわらかくゆでてすりつぶし、ゆで汁を加えてのばす。
2. 豆腐はゆでて小さく切り、すりつぶすか裏ごしする。
3. 1と2を器に盛る。

トマトと鯛のダブルのうま味
白身魚のトマト和え

`たんぱく質` `ビタミン・ミネラル`

材料（1食分）
- 鯛（刺身用）…5g
- ミニトマト…1個

作り方
1. 鯛はゆでてすりつぶし、ゆで汁を加えてのばして器に盛る。
2. 耐熱容器に半分に切ったミニトマトと水少々を入れ、ラップをかけて電子レンジで10秒加熱。冷水にとり、皮と種をとったら裏ごしする。
3. 1にミニトマトを添える。

アレンジ
ゆでた玉ねぎのすりおろしを加えると、甘みが出ます。

副菜　主菜

ミルクの甘みで食欲を刺激
白身魚のミルク煮

`たんぱく質`

🌼 **材料（1食分）**
白身魚（鯛などの刺身用）…5g
育児用ミルク…小さじ1〜2

🌼 **作り方**
1 白身魚をゆでてすりつぶし、お湯でのばす。
2 1に育児用ミルクを加えてよく混ぜる。
3 2を電子レンジで20秒加熱し、よく混ぜて器に盛る。

副菜

なめらかな舌触りで飲み込みやすい
なめらかマッシュポテト

`炭水化物`

🌼 **材料（1食分）**
じゃがいも…10g
お湯…小さじ1

🌼 **作り方**
1 じゃがいもは皮をむいた後に水でさらしてあくを抜き、ゆでて裏ごしする。
2 お湯を加えてのばす。

りんごの甘みでブロッコリーをくるんだ
ブロッコリーとりんご

`ビタミン・ミネラル`

🌼 **材料（1食分）**
ブロッコリー（穂先）…1g
りんご…9g

🌼 **作り方**
1 りんごをゆでてすりつぶし、ゆで汁でのばす。
2 ブロッコリーをやわらかくゆでたら小さく切ってすりつぶし、ゆで汁を加えてのばす。
3 りんごとブロッコリーを器に盛りつける。

ポイント

ブロッコリーの穂先は、キッチンバサミで切ると簡単です。

66

月齢別レシピ

初期 5〜6か月ごろ

かぶ本来の甘みを感じる
かぶのやわらか煮

`ビタミン・ミネラル`

材料(1食分)
かぶ…10g

作り方
1 かぶは皮を厚めにむき、小さく切ってやわらかくゆでる。
2 裏ごしし、ゆで汁でのばす。

ポイント

かぶの皮の内側には、硬い繊維の層が。繊維があると食べにくく、口にも残るので、皮は厚くむきます。

にんじんの甘みを味わう
にんじんきな粉

`ビタミン・ミネラル`

材料(1食分)
にんじん…8g
きな粉…少々

作り方
1 にんじんは皮をむいてゆでて裏ごしし、ゆで汁でのばす。
2 器に盛りつけ、きな粉をかける。

アレンジ
多めに作って、フリージングもできます。おかゆやうどんなどに混ぜるのもおすすめ。

苦味が少なくて食べやすいうえに甘みも
なめらかブロッコリー

`ビタミン・ミネラル`

材料(1食分)
ブロッコリー(穂先)…5g
かぼちゃ…1g
だし汁(p.26)…適量

作り方
1 ブロッコリーはゆでて細かく刻んですりつぶし、ゆで汁でのばす。
2 かぼちゃはやわらかくゆでて皮と種をとる。裏ごしし、ゆで汁でのばす。
3 だし汁に1を入れて、とろとろに煮る。
4 3とかぼちゃを器に盛りつける。

副菜

しらすを加えてうま味をプラス
じゃがいもプラスしらす

`炭水化物` `たんぱく質`

材料（2食分）
じゃがいも…40g
しらす干し…10g

作り方
1. じゃがいもは皮をむいたら水にさらしてあくを抜き、やわらかくゆでて裏ごしする。お湯少々を加えてのばす。
2. しらす干しは塩抜き（p.35）後、裏ごしをする。
3. 1を器に盛りつけ、しらす干しをのせる。

甘いバナナで食欲アップ
バナナ豆腐

`たんぱく質` `ビタミン・ミネラル`

材料（1食分）
バナナ…7g
豆腐（絹ごし）…2g

作り方
1. バナナは刻んですりつぶし、水分を足してのばす。
2. 豆腐はゆでて裏ごしをする。
3. バナナと豆腐を器に盛りつける。

じゃがいものとろみでのどごしのよい
にんじんのポタージュ

`炭水化物` `ビタミン・ミネラル`

材料（1食分）
にんじん…7g
じゃがいも…10g
玉ねぎ…3g

作り方
1. 皮をむいて水でさらしてあくを抜いたじゃがいも、皮をむいたにんじん、玉ねぎを小さく切る。
2. 鍋に1とひたひたの水を入れ、やわらかく煮る。
3. 2を適量の煮汁と一緒にすりつぶし、なめらかにする。

新じゃがいも、新玉ねぎを使うと甘みがアップします。

月齢別レシピ

 5〜6か月ごろ

だしがおいしい和風味
ほうれん草の和風ポタージュ

`たんぱく質` `ビタミン・ミネラル`

材料（1食分）
- 豆腐（絹ごし）…5g
- ほうれん草（葉先）…10g
- だし汁(p.26)…大さじ1/2
- 水溶き片栗粉(p.22)…少々

作り方
1. 豆腐はゆでて、裏ごしをする。
2. ほうれん草をやわらかくゆでたら水にさらし、あくを抜く。細かく刻んですりつぶし、裏ごしする。
3. 1と2を混ぜ、だし汁を加えてのばす。
4. 3を耐熱容器に入れ、水溶き片栗粉を加えて電子レンジで5〜10秒加熱して混ぜるをくり返し、とろみをつける。

アレンジ
だし汁の代わりに育児用ミルクを使い、玉ねぎを加えると、洋風のスープに。栄養価もアップします。

じゃがいもとさつまいもでとろとろに
とろっとしたポテトスープ

`炭水化物`

材料（4食分）
- じゃがいも…20g
- さつまいも…20g
- 野菜スープ(p.27)…50ml

作り方
1. 皮をむいた後に水でさらしてあくを抜いたじゃがいもとさつまいもをやわらかくゆでて、裏ごしする。
2. 1を野菜スープでのばし、とろみを調整する。

アレンジ
新じゃがいもで作ると、より甘みのあるスープになります。

トマトの色味がきれいな汁物
和風トマトスープ

`たんぱく質` `ビタミン・ミネラル`

材料（1食分）
- ミニトマト…1個
- しらす干し…小さじ1/4
- だし汁(p.26)…大さじ1/2
- 水溶き片栗粉(p.22)…少々

作り方
1. ミニトマトは半分に切り、水少々と一緒に耐熱容器に入れ、ラップをして電子レンジで10秒加熱。
2. 1を冷水にとって皮をむき、種をとって裏ごしをする。
3. しらす干しは塩抜きをし(p.35)、すりつぶして裏ごしする。
4. 鍋に2、3、だし汁を混ぜ、水溶き片栗粉を加えて加熱し、とろみをつける。

副菜

とろりとした食感とやさしい甘み
とろりすりおろしりんご

`ビタミン・ミネラル`

✿ 材料（4食分）
- りんご…1/8個
- 片栗粉…5g
- 水…50ml

✿ 作り方
1. りんごは皮をむいてすりおろす。
2. 鍋に水溶き片栗粉を入れて加熱し、よく混ぜる。
3. 半透明になってきたら、火を止めてりんごを加える。
4. 混ぜながら弱火で加熱し、沸騰させる。

ポイント
片栗粉が半透明になり、とろみが出てきたら、りんごを加えます。

卵黄をなめらかな食感で
卵黄入りかぼちゃのヨーグルト和え

`たんぱく質` `ビタミン・ミネラル`

✿ 材料（2食分）
- かぼちゃ…20g
- ヨーグルト（無糖）…30g
- 卵黄…1/2個

✿ 作り方
1. かぼちゃは耐熱容器に水とともに入れ、ラップをして電子レンジで80秒加熱する。やわらかくなったら皮と種をとってつぶす。
2. 卵はかたゆでにし、卵黄のみを細かくほぐす。
3. ヨーグルト、1、2を合わせる。

思わず笑みがこぼれそう
麩ふりんご

`たんぱく質` `ビタミン・ミネラル`

✿ 材料（1食分）
- りんご…10g
- 麩…小さじ1/2
- お湯…小さじ2

✿ 作り方
1. 皮をむいたりんごをすりおろす。耐熱容器に入れ、ラップをかけて電子レンジで20秒加熱する。
2. 麩をすりおろし、お湯でふやかしておく。
3. 1と2を混ぜ、耐熱容器に入れてラップをし、電子レンジで20秒加熱する。

ポイント
りんごは切ってから時間が経つと、酸化して色が変わってしまいます。切ったら早めに調理を。

70

月齢別レシピ

5〜6か月ごろ編

うちの子の場合、こんな感じで食べてます!

先輩ママ717人に聞いた

初期　5〜6か月ごろ

先輩ママたちに、お子さんと離乳食の様子をアンケート。苦手なものを食べる工夫などをご紹介します。

ヨーグルトで上手に飲み込める

離乳食をはじめたころ、葉物野菜が喉に張りついてしまうのか、吐いてしまうことがありました。無糖のヨーグルトに混ぜてみたら、上手に飲み込めるようになりました。〈山梨県・30代〉

バナナと一緒に

苦手な食材があるときは、バナナも一緒に。バナナ1本分をちぎって電子レンジで30秒加熱し、湯冷ましでのばしたものを、苦手な食材と交互にあげていました。そのうちに苦手なものも、単体で食べられるようになりました。〈東京都・20代〉

おかゆに混ぜたら食べるように

野菜が苦手だったのですが、おかゆに混ぜてみると、おかゆも野菜も食べるようになりました。〈山梨県・30代〉

しっかりとつぶして、混ぜる

ブロッコリーのつぶつぶが嫌で、吐き出すことが多くて……。ブレンダーでしっかりとつぶして、他の食材に混ぜると、食べるようになりました。〈岐阜県・20代〉

りんごをプラス

ほうれん草などの青臭さがある野菜は、りんごのすりおろしなどのフルーツと混ぜると、よく食べました。〈広島県・30代〉

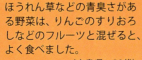

離乳食大好き!

離乳食スタート前から大人が食べている様子をジーッと見ていた娘。いざその時期が来ると、最初のひと口からパクっと食べてくれました。ずっとたくさん食べてくれるといいなあ。〈群馬県・30代〉

※先輩ママのコメントは、ベビーカレンダーがユーザーに対し2018年12月に行ったアンケートからの抜粋です(調査件数717件)。

食べることに慣れてきたころ

7〜8か月ごろの進め方

2回食に慣れ、食事のリズムもついてくるころ。
舌や上あごで食材をつぶせるようにも。
少しずつ水分を減らし、つぶつぶ感を残して。

7〜8か月ごろ（前半）

このころの目安

- ☑ 水分を少し減らしたヨーグルト状のものを食べられる
- ☑ 食欲が増している
- ☑ スプーンに慣れ、離乳食を上手に飲み込めている
- ☑ 食事のリズムが整ってきている

新しい食材にチャレンジ つぶつぶ感を残して

2回食にも慣れてきて、午前・午後の食事のリズムもついてきたころです。少しずつ水分量を減らして、つぶつぶ感が残るくらいにしていきます。まずは1品だけ形状を変えてみて、赤ちゃんの様子をみましょう。焦って進めなくて大丈夫ですよ。

赤身魚や鶏ささみなども食べられるようになり、メニューの幅も広がります。ただし初めての食材は、午前中に1さじ程度からあげましょう。

舌と上あごをつかって押しつぶして、唾液と混ぜて食べられるようになることが目標。硬いと押しつぶせずに丸飲みしてしまうので、指でつぶせるぐらいのやわらかさに。また、しっかりとモグモグできるよう、足の裏全体が床や足置きにつき、安定した姿勢になるように注意します。

この時期のポイント

パサつくものはとろみをつけて

鶏ささみや鮭などはパサつきがち。飲み込みやすくするために、とろみをつけるのもおすすめです（p.22）。スープやおかゆに混ぜてもOK。

味や食感に変化をつける

食材の味や食感が分かるよう、味覚の幅を広げていきます。たまには食材を2〜3種類混ぜたり、おかゆやうどんに混ぜたり、味に変化をつけてみましょう。

月齢別レシピ

中期 7〜8か月ごろ

この時期のスケジュール例

午前中に1回、お昼すぎに1回の2回食のリズムをつけたい時期です。

- 6:00 母乳・ミルク
- 10:00 離乳食 / 母乳・ミルク
- 12:00 初めてあげる食材は、午前中に。「1日1品1さじ」からスタートします。
- 14:00 離乳食 / 母乳・ミルク
- 離乳食後の授乳は、欲しがるだけあげてOK。
- 18:00 母乳・ミルク
- 22:00 母乳・ミルク

口の発達に合わせた食べさせ方

動画はコチラ

食べさせ方

舌が上下に動いて、押しつぶしをしています。何回かモグモグした後に飲み込んでいるか確認を。

ママは赤ちゃんの正面に座り、口の動きを見ながら与えます。

日本歯科大学教授 Dr.田村文誉のアドバイス

舌と上あごで食材をつぶせるように。モグモグしているか確認して。

支えがなくても座れるようになったら、イスを利用しましょう。赤ちゃんが落ちないようにベルトで支えたり、背もたれを入れたりして、姿勢を安定させます。

足の裏が完全に床や足置きについて、安定するように。

口の中の動き

舌が前後上下に動かせるように

口を閉じて、口の中で舌を前後上下に動かせるように。舌と上あごを使って食材をつぶし、唾液と混ぜて飲み込みます。丸飲みをせずにしっかりとモグモグできているか、確認しながら食べさせて。

歯磨きをスタート

上下の歯が生えてきたら、少しずつ歯磨きをスタートします。歯ブラシに慣れないうちは、ガーゼや歯磨きシートなどで拭きとって。

7〜8か月ごろ(後半)

このころの目安

- 絹ごし豆腐程度の硬さのものを、モグモグと食べられる
- 主食、おかずを合わせて子ども茶碗1杯分食べられる
- 生活リズムが整いはじめ、1日2回の離乳食の時間が固定されている

肉や魚はとろみをつけましょう。

使える食材が増えるのでメニューが広がります。

「自分で食べたい」気持ちにゆったりと向き合って

前半より少しつぶを残すなど、少しずつステップアップをして慣らしていきます。丸飲みを避けるために、ゆっくりと食べさせましょう。**食材は少しずつ硬く、大きくしていくことが大切**です。急に形状を変えると食べが悪くなる場合があるので注意しましょう。

「自分で食べたい」と思うようになり、ママが持っているスプーンを持ちたがったり、離乳食を手でつぶしたりするのもこの時期。これは**自分で食べられるようになるために必要なプロセス**です。赤ちゃんは「どうやって食べるの？」「なんだろう？」と研究しているのです。

赤ちゃんは、離乳食に慣れてくると、より目新しいものに興味をもっていかれ、離乳食の食べが一時的に悪くなることもあります。おいしそうにごはんを食べているママやパパの様子を見せたり、おばあちゃんなども一緒に大人数で食卓を囲んだりして、赤ちゃんが思わず食べたくなる状況を作りましょう。

水や麦茶での水分補給も

外遊び前後やお風呂上がり、食事中などに水分補給をしても。
飲み物は、水や麦茶など無添加でカフェインやタンニンが入っていないものがおすすめです。大人向けの麦茶は、水で倍に薄めて飲ませます。
市販の赤ちゃん用の飲み物は「○か月から」という月齢表示を参考にしてください。

月齢別レシピ

中期 7〜8か月ごろ

堤先生に聞く 7〜8か月ごろの気がかりQ&A

Q 新しい食材を試しても慣れてくれず、結局いつもと同じ食材になってしまいます

A 不安な顔、心配顔であげないこと

赤ちゃんは、よくママの顔を見ているもの。「これは新しい食材だけど、食べてくれるかな。食べなかったらどうしよう……」など不安な顔や心配顔であげていると、「これはおいしくないの？」と思ってしまうこともあります。大人がひと口食べて「わぁ、おいしい」と言うなど、**安心感を与えながら食べさせてみてください**。新しい食材を体験することで、新しい味を知り、おいしさの幅が広がります。

また、食べ物についての子どもの「嫌い」は、その食材そのものが嫌いというよりは、食べ慣れていないことが原因の場合も多いもの。新しいものに対しては不安を感じるのが、人間の本能です。「食べないからその食材を使わない」ではなく、**慣れるように見た目や味付けを変えて何度か与えてみてください**。ある日、ふいに食べるようになることでしょう。

Q 食べる日と食べない日の差が激しく、栄養面などが心配です

A 「そんな日もあるよね」という気持ちで

前の授乳から時間があいていなかったり、先に授乳をしてしまったりすると、空腹を感じず、食べなくなることがあります。**空腹で離乳食の時間を迎えられるように生活リズムを整えます**。

食べムラは、大人でもありますよね。体調が悪くないのに、なんとなく食べたくない日など。赤ちゃんだって同じです。「そんな気分の日もあるよね」とゆったりと構えてください。

Q 思うように離乳食の段階が進みません。前の段階に戻すべきでしょうか

A 少しずつでも進んでいればOK

「段階が進む」という言葉にしばられないで。「全量は食べないけれど、1/3量は食べている」「この食材ならこの形状で食べられている」など、少しでも進んでいるならば、段階を前に戻さなくても大丈夫です。

個々の赤ちゃんによって離乳食の進み具合は違います。食べる日もあれば食べない日もあり、こちらの思う通りには進まないものです。焦らずに「**そのうち食べるようになるよね**」という、**おおらかな気持ちでいましょう**。

7〜8か月ごろ
食材の大きさと分量
（1回あたり）

実物大

炭水化物

おかゆは水分量が変わり5倍がゆに

おかゆは10倍がゆよりつぶつぶ感がある5倍がゆにします。1食分の目安は、50〜80g。食べづらいようならば、少しつぶしてあげてもOK。

ほかの炭水化物食材・目安量
食パン15〜20gを使ったパンがゆ、またはやわらかくゆでたうどん35〜55g、またはいも類20〜30g。

例：おかゆ

分量 **5倍がゆへ 50〜80g**

※写真は5倍がゆ50g

献立のポイント

副菜 豆腐のにんじん和え(p.87)
主菜 ほうれん草のおかか添え(p.91)
主食 5倍がゆ(p.24)

主菜で使える食材も増えます

主食・主菜・副菜という組み合わせも、少しずつ意識していきましょう。この時期になると、鶏ささみや鶏ひき肉など主菜で使える食材も増えてきて、メニューの幅も広がります。お肉はしっかり加熱しますが、パサつくときはとろみをつけると、赤ちゃんが食べやすいです。

月齢別レシピ

中期 7〜8か月ごろ

たんぱく質

鶏肉はすりつぶして

魚は骨や皮、血合い、筋などを丁寧に取りのぞき、ゆでてからすりつぶすか、1〜2mmにほぐします。鶏ささみはすりつぶし、とろみをつけても。納豆はひきわり納豆がそのまま食べられます。卵黄はかたゆでしたものをすりつぶし、水分でのばして。

ほかのたんぱく質食材・目安量
肉・魚10〜15g、または卵黄1個〜全卵1/3個、または乳製品50〜70g。

例：豆腐（絹ごし）

分量 **30〜40g**
※写真は30g

大きさ 軽くつぶすか2〜3mm角
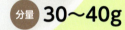

ビタミン・ミネラル

やわらかくゆでて2〜3mm大に。キャベツや白菜はさらに細かく

指で軽くつぶせるくらいのやわらかさが目安。2〜3mm大に切ります。繊維の多いキャベツや白菜はすりつぶすか、1〜2mm大のみじん切りに。

ほかのビタミン・ミネラル食材・目安量
野菜・果物20〜30g。

例：にんじん

分量 **20〜30g**
※写真は20g

大きさ 粗いすりおろしや2〜3mm角

※分量は、1種類だけを使う場合の量です。2種類以上使うときは、それぞれの量を減らして調整してください。

月齢別レシピ

7〜8か月ごろの おすすめレシピ

中期 / 7〜8か月ごろ

2回食に慣れてくるこの時期は、使える食材も増えていきます。
少し形を残すようにして、モグモグする練習もしていきましょう。

主食

くせがなく食べやすい
ブロッコリーのおかゆ

`炭水化物` `ビタミン・ミネラル`

材料（1食分）
- 7倍がゆ(p.24)…50g
- ブロッコリー(穂先)…10g

作り方
1. ブロッコリーをやわらかくゆで、すりつぶす。
2. 水を加えて弱火でとろとろになるまで煮て、器に盛った7倍がゆにのせる。

鯛も電子レンジでお手軽に
鯛そぼろのおかゆ

`炭水化物` `たんぱく質` `ビタミン・ミネラル`

材料（1食分）
- 7倍がゆ(p.24)…50g
- 鯛(刺身用)…15g
- にんじん…10g

作り方
1. 鯛は水少々とともに耐熱容器に入れ、ラップをして電子レンジで火が通るまで加熱し水を切り、すりつぶすか1〜2mmにほぐす。
2. にんじんは皮をむいてやわらかくゆで、すりおろす。
3. 7倍がゆを器に盛りつけ、1と2をのせる。

\ 動画はコチラ /

青のりの風味とかつお節のうま味がマッチ
青のりとかつお節のおかゆ

`炭水化物` `ビタミン・ミネラル`

❀ 材料（1食分）
7倍がゆ (p.24)…30g
青のり…1つまみ
かつお節…1つまみ

❀ 作り方
7倍がゆを器に盛りつけ、青のりと、粉々にしたかつお節をふりかける。

キャベツの甘みで食が進む
キャベツのだしうどん

`炭水化物` `ビタミン・ミネラル`

❀ 材料（1食分）
ゆでうどん…30g
キャベツ…10g
だし汁 (p.26)…50ml

❀ 作り方
1 ゆでうどんは2〜3mm幅に、キャベツは1〜2mm四方に切る。
2 鍋にだし汁を入れ、1を加えて、やわらかくなるまで弱火で煮る。

野菜たっぷりで温まる
味噌煮込みそうめん

`炭水化物` `たんぱく質` `ビタミン・ミネラル`

❀ 材料（1食分）
そうめん（乾麺）…10g
小松菜（葉先）…10g
にんじん…5g
大根…10g
卵黄…1/3個
味噌…小さじ1/4
水…適量

ポイント
卵はしっかりと火を通します。

❀ 作り方
1 そうめんは2〜5mm幅に折ってゆでる。小松菜はゆでて2〜3mm四方に切る。
2 にんじん、大根は2〜3mm角に切り、水を入れた鍋でやわらかくなるまでゆでる。
3 1を加え、味噌を溶き入れてさらに加熱し、器に盛る。
4 かたゆでした卵黄をつぶして、3にのせる。

80

月齢別レシピ

中期　7～8か月ごろ

具だくさんで彩りも豊か
ほうとう風うどん

`炭水化物` `たんぱく質` `ビタミン・ミネラル`

材料（1食分）
- ゆでうどん…30g
- 鶏ひき肉…10g
- ほうれん草(葉先)…5g
- かぼちゃ…20g
- にんじん…5g
- 醤油…少々
- 水…適量

作り方
1. ゆでうどんは2～5mm幅に切る。
2. ほうれん草はゆでて水にさらしてあくを抜き、2～3mm四方に。かぼちゃ、にんじんも2～3mm角に切る。
3. 鍋に水、鶏ひき肉、かぼちゃ、にんじんを入れ、やわらかく煮る。
4. ゆでうどんを加え、さらに煮る（水分が少なくなったら足す）。
5. 醤油とほうれん草を入れてひと煮立ちさせる。

栄養たっぷりの納豆にチャレンジ
ねばねばうどん

`炭水化物` `たんぱく質`

材料（1食分）
- ゆでうどん…30g
- ひきわり納豆…20g
- だし汁(p.26)…80ml

作り方
1. ゆでうどんは2～5mm幅に切る。
2. 鍋にだし汁とゆでうどんを入れ、弱火でやわらかく煮る。
3. 器に盛りつけ、ひきわり納豆をのせる。

とろみのあるポタージュ風で食べやすく
鶏と野菜のポタージュうどん

`炭水化物` `たんぱく質` `ビタミン・ミネラル`

材料（1食分）
- ゆでうどん…30g
- 鶏ひき肉…10g
- にんじん…10g
- コーンスープの素(ベビーフード)…小さじ1
- だし汁(または野菜スープ・p.26～27)…100ml

作り方
1. ゆでうどんは2～5mm幅に、にんじんは2～3mm角に切る。
2. 鍋にだし汁と1を入れ、やわらかく煮る。
3. 鶏ひき肉を加え、火が通ったら火を止め、コーンスープの素を入れてひと煮立ちさせてから混ぜる。

ポイント
コーンスープの素で、ポタージュ状に。とろみづけにもなります。

主食

ミルクの風味がやさしい
鮭と野菜のミルク煮うどん

`炭水化物` `たんぱく質` `ビタミン・ミネラル`

🌸 **材料（1食分）**

ゆでうどん…30g
鮭(生)…10g
玉ねぎ…10g
ブロッコリー(穂先)…10g
育児用ミルク(粉)…大さじ2
だし汁(野菜スープでも・p26〜27)
　…100ml

🌸 **作り方**

1. ゆでうどんは2〜5mm幅に切る。鮭はゆでて骨と皮をとり、1〜2mmにほぐす。玉ねぎとブロッコリーはみじん切りにする。
2. 鍋にだし汁、うどん、玉ねぎを入れ、やわらかく煮る。
3. ブロッコリー、育児用ミルクを混ぜながら入れて中まで火を通す。
4. 器に盛りつけ、鮭をのせる。

うどんが入ってボリュームたっぷり
小田巻蒸し風

`炭水化物` `たんぱく質` `ビタミン・ミネラル`

🌸 **材料（1食分）**

ゆでうどん…30g
玉ねぎ…10g
にんじん…10g
ブロッコリー(穂先)…5g
卵黄…1/2個
だし汁(p26)…50ml

🌸 **作り方**

1. ゆでうどんは3mm幅に切り、やわらかく煮る。
2. 玉ねぎ、にんじん、ブロッコリーは、ゆでてそれぞれみじん切りにする。
3. 卵黄をだし汁で溶き、耐熱容器に1、玉ねぎ、にんじんとともに入れる。
4. 鍋に耐熱容器の高さ6〜7分目くらいまで水を張り、沸騰させる。3の器を入れてふたをし、弱火で8〜10分加熱する。
5. 卵液が固まったら、ブロッコリーをのせる。

ほんのりした甘みとやさしい色あい
キャロットのパンがゆ

`炭水化物` `ビタミン・ミネラル`

🌸 **材料（1食分）**

食パン(8枚切り)…1/4枚
にんじん…10g
育児用ミルク…大さじ2

🌸 **作り方**

1. 食パンは耳をとり、5mm角に切る。
2. にんじんをすりおろし、水少々を加えて耐熱容器に入れてラップをし、電子レンジで20秒加熱する。
3. 鍋に食パン、にんじん、育児用ミルクを入れ、やわらかくなるまで煮る。

ポイント
3は耐熱容器に入れてラップをし、電子レンジで加熱する方法でもOK。

82

月齢別レシピ

中期　7〜8か月ごろ

風味豊かなきな粉で和風にアレンジ
きな粉の和風パンがゆ

`炭水化物`

材料（1食分）
食パン(8枚切り)…1/4枚
きな粉…少々
育児用ミルク…大さじ2

作り方
1. 食パンは耳をとり、5mm角に切る。
2. 鍋に食パン、育児用ミルクを入れやわらかくなるまで煮る。
3. 器に盛りつけ、きな粉をまぶす。

フルーツの甘みが香るデザート感覚の一皿
パンプディング

`炭水化物` `たんぱく質` `ビタミン・ミネラル`

材料（1食分）
食パン(8枚切り)…1/4枚
卵黄…1/2個
バナナ…10g
いちご…1/2個
育児用ミルク…大さじ3

ポイント
初めて与えるフルーツは、念のため加熱をしてから。

作り方
1. 食パンは耳をとり、細かくちぎる。バナナといちごは2〜3mm角に切る。
2. 卵黄と育児用ミルクを混ぜる。
3. ココット皿に食パンとバナナを入れ、2をまわしかける。
4. フライパンに2cmくらい水を張って、沸騰させる。ココット皿を入れ、ふたをして弱火で8〜10分ほど加熱する。
5. 火が通ったら粗熱をとり、いちごをのせる。

野菜とひき肉がミルクでまろやかに
鶏ひき肉と野菜のミルクパンがゆ

`炭水化物` `たんぱく質` `ビタミン・ミネラル`

材料（1食分）
食パン(8枚切り)…1/3枚
鶏ひき肉…10g
にんじん…10g
ブロッコリー(穂先)…5g
育児用ミルク(粉)…大さじ2
だし汁(p.26)…100ml

ポイント
サンドイッチ用の食パンは耳がないので調理がラクですが、12枚切りなので分量調節を。

作り方
1. 食パンは耳をとり、細かくちぎる。
2. にんじん、ブロッコリーはやわらかくゆで、それぞれみじん切りにする。
3. 鍋にだし汁を入れ、沸騰したら鶏ひき肉を入れる。火が通ったら、1、にんじん、育児用ミルクを加える。
4. 食パンがやわらかくなったら器に盛り、ブロッコリーをのせる。

83

おかずとしても、おかゆやうどんに混ぜても
鶏肉のあんかけ

`たんぱく質`

❁ 材料（1食分）

鶏ひき肉（鶏むね）…15g
だし汁(p.26)…大さじ1と小さじ1
醤油…少々
水溶き片栗粉(p.22)…適量

❁ 作り方

1. 鍋にだし汁、鶏ひき肉を入れて煮る。
2. 鶏ひき肉を取り出し、すりつぶして細かくする。
3. 2を鍋に戻し、醤油を加えて加熱し、火が通ったら水溶き片栗粉を加え、とろみがつくまで加熱する。

ポイント
多めに作り、とろみをつける前にフリージングにしておくのもおすすめ。

`主菜`

シンプルな味付けで食べやすい
キャベツとひき肉のソテー

`たんぱく質` `ビタミン・ミネラル`

❁ 材料（1食分）

鶏ひき肉…15g
にんじん…10g
玉ねぎ…10g
キャベツ…10g
醤油…少々
サラダ油…少々

❁ 作り方

1. 野菜をそれぞれみじん切りにし、ラップをして電子レンジで50秒ほど加熱する。
2. フライパンにサラダ油を引いて鶏ひき肉を炒め、1を加えてよく炒める。
3. 仕上げに醤油をかける。

大根とひき肉で舌でつぶす練習に
大根のそぼろあんかけ

`たんぱく質` `ビタミン・ミネラル`

❁ 材料（1食分）

鶏ひき肉…15g
大根…20g
砂糖…小さじ1/5
醤油…小さじ1/5
水溶き片栗粉(p.22)…適量
だし汁(p.26)…適量

❁ 作り方

1. 大根を2〜3mm角に切る。
2. 鍋に鶏ひき肉、大根を入れ、ひたひたになるくらいにだし汁を入れてしっかりと火を通す。
3. 火が通ったら、砂糖、醤油、水溶き片栗粉を入れ、とろみがつくまで加熱する。

ポイント
鶏ひき肉は、はじめのころはなめらかにすりつぶすと食べやすいです。

月齢別レシピ

中期 7〜8か月ごろ

かぼちゃのカロテンで風邪予防に
白身魚のかぼちゃ和え

`たんぱく質` `ビタミン・ミネラル`

材料（1食分）
- タラ(生)…15g
- かぼちゃ…10g
- にんじん…5g
- 醤油…少々
- だし汁(p.26)…適量

作り方
1. 皮と種をとったかぼちゃ、にんじんを小さく切る。
2. 鍋にだし汁を入れ、1を入れてやわらかく煮て、粗くつぶす。
3. タラはゆでて骨と皮をとり、1〜2mmにほぐす。
4. 2、3、醤油を和える。

あんかけで鮭を食べやすく
鮭のほうれん草あんかけ

`たんぱく質` `ビタミン・ミネラル`

材料（1食分）
- 鮭(生)…15g
- ほうれん草…10g
- だし汁(p.26)…適量
- 水溶き片栗粉(p.22)…適量

作り方
1. 鮭をゆでて骨と皮をとり、1〜2mmにほぐして器に盛りつける。
2. ほうれん草はゆでて水にさらしてあくを抜き、みじん切りにする。
3. 2をだし汁でひと煮立ちさせたら、水溶き片栗粉を加えてとろみがつくまで加熱し、1にかける。

大人のお鍋からの取り分けも
タラと白菜の煮込み鍋

`たんぱく質` `ビタミン・ミネラル`

材料（1食分）
- タラ(生)…15g
- にんじん…10g
- 白菜(葉先)…20g
- だし汁(p.26)…50ml
- 水溶き片栗粉(p.22)…適量

作り方
1. にんじんは2〜3mm角に切り、ゆでる。白菜は1〜2mm四方に切る。
2. 鍋にだし汁を入れ、タラをゆでて骨と皮をとり、1〜2mmほどにほぐす。
3. 2の鍋ににんじん、白菜を加え、ひと煮立ちさせたら水溶き片栗粉を加え、とろみがつくまで加熱する。

主菜

しらすのうま味で食べやすく
かぼちゃとしらすのみぞれ煮

`たんぱく質` `ビタミン・ミネラル`

❁ **材料（1食分）**

かぼちゃ…15g
大根…15g
しらす干し…4g
だし汁(p.26)…大さじ3
水溶き片栗粉(p.22)…小さじ1

❁ **作り方**

1. かぼちゃはラップをし、電子レンジで20秒加熱してから皮と種をとり、2〜3mm角に切る。
2. しらす干しは塩抜き(p.35)をし、2〜3mm幅に刻む。
3. 大根はすりおろす。
4. 鍋にしらす干し、大根、だし汁を入れてとろとろになるまで煮る。
5. かぼちゃと水溶き片栗粉を加え、とろみがつくまで加熱する。

ミルクを入れてふんわりとした仕上がりに
ふわふわオムレツ

卵

`たんぱく質` `ビタミン・ミネラル`

❁ **材料（1食分）**

卵黄…1個
にんじん…10g
玉ねぎ…5g
育児用ミルク…小さじ1
サラダ油…少々

❁ **作り方**

1. にんじん、玉ねぎはやわらかくゆでて、みじん切りにする。
2. ボウルに卵黄、1、育児用ミルクを入れ、よく混ぜ合わせる。
3. フライパンに油を入れて熱し、2を入れて形をまとめて焼き、中まで火を通す。

ポイント
テフロン加工のフライパンを使うと、油を使わなくても焦げつかずに焼けます。

かわいい見た目と青のりの風味で食欲アップ
コロコロタラポテト

`炭水化物` `たんぱく質`

❁ **材料（1食分）**

タラ（生）…15g
じゃがいも…30g
青のり…少々

❁ **作り方**

1. タラはゆでて骨と皮をとり、1〜2mmにほぐす。
2. じゃがいもは皮をむいたら水にさらしてあくを抜き、ゆでてすりつぶす。
3. 1と2を混ぜてひと口大に丸め、青のりをかける。

月齢別レシピ

中期 7〜8か月ごろ

たんぱく質たっぷりで食べごたえ抜群
豆腐のそぼろ煮

`たんぱく質` `ビタミン・ミネラル`

🌼 材料（3食分）

豆腐（絹ごし）
　…60g
鶏ひき肉…20g
にんじん…10g
いんげん…5g
だし汁(p.26)…適量
醤油…少々
みりん…少々
水溶き片栗粉(p.22)
　…適量

🌼 作り方

1 鍋にだし汁を入れ、鶏ひき肉を細かく崩しながら煮る。
2 にんじんを2〜3mm角に切り、1に加えて煮る。
3 にんじんがやわらかくなったら、醤油とみりんを加える。
4 ゆでた豆腐を2〜3mm角に切り、3に入れひと煮立ちさせたら、水溶き片栗粉を入れてとろみがつくまで加熱し、器に盛りつける。
5 4にゆでて2mm幅に刻んだいんげんをちらす。

のどごしのよさがポイント
豆腐のにんじん和え

`たんぱく質` `ビタミン・ミネラル`

🌼 材料（1食分）

豆腐（絹ごし）…30g
にんじん…10g
だし汁(かつお・p.26)…大さじ2

🌼 作り方

1 にんじんはすりおろす。
2 鍋にだし汁、にんじん、ゆでてほぐした豆腐を入れてひと煮立ちさせる（食べるときにさらに豆腐をくずす）。

彩りも口あたりもよい
豆腐とグリーンピースのサラダ

`たんぱく質` `ビタミン・ミネラル`

🌼 材料（1食分）

豆腐（絹ごし）…15g
グリーンピース…10g

🌼 作り方

1 豆腐はゆでて2〜3mm角に切る。
2 グリーンピースはゆでて薄皮をむき、2〜3mm大に切る。
3 1と2を和える。

ポイント

薄皮をとると、口あたりがよくなります。
先にゆでると、むきやすいです。

副菜　主菜

やさしい味わいでおかゆに加えても
キャベツと納豆のおかか和え

`たんぱく質` `ビタミン・ミネラル`

材料（1食分）
ひきわり納豆…20g
キャベツ…20g
かつお節…少々

作り方
1 キャベツはみじん切りにする。耐熱容器に水少々とともに入れ、ラップをして電子レンジでやわらかくなるまで加熱し、水気を切る。
2 ひきわり納豆を耐熱容器に入れ、ラップをして電子レンジで熱くなるまで加熱する。
3 1と2を和えて器に盛りつけ、かつお節をまぶす。

卵黄の明るさで食卓も華やぐ
じゃがいもの黄身和え

`卵` `乳製品`

`炭水化物` `たんぱく質`

材料（1食分）
じゃがいも…20g
卵黄…10g
ヨーグルト（無糖）…小さじ1

作り方
1 じゃがいもは皮をむいたら水にさらして、あくを抜く。やわらかくゆでてつぶす。
2 かたゆでした卵黄をつぶし、ヨーグルトと和える。
3 1と2を和える。

アレンジ
新じゃがいもを使うと、甘みと栄養価がさらにアップします。

豆腐の甘みで青菜を食べやすく
小松菜の白和え

`たんぱく質` `ビタミン・ミネラル`

材料（1食分）
小松菜（葉先）…10g
にんじん…5g
豆腐（絹ごし）…30g

作り方
1 小松菜とにんじんはやわらかくゆで、みじん切りにする。
2 耐熱容器に豆腐を入れ、ふんわりとラップをかけて、電子レンジで30秒加熱する。
3 豆腐の水気を切って粗くつぶし、1と混ぜ合わせる。

月齢別レシピ

中期 7〜8か月ごろ

ふわふわな団子で魚をのどごしよく
白身魚のふわふわ団子スープ

`たんぱく質` `ビタミン・ミネラル`

🌸 **材料（2食分）**

- 白身魚（タラなど生のもの）…15g
- 豆腐（絹ごし）…25g
- にんじん…10g
- 大根…10g
- 玉ねぎ…10g
- 片栗粉…小さじ1
- 醤油…少々
- 味噌…少々
- だし汁(p.26)…大さじ2と小さじ2

🌸 **作り方**

1. 白身魚は骨と皮を取りのぞき、すりつぶす。ゆでて水気を切った豆腐と合わせ、なめらかになるまで混ぜる。
2. 1に片栗粉、醤油、味噌を加えよく混ぜる。
3. にんじん、大根、玉ねぎを2〜3mm大に切り、だし汁と一緒に鍋に入れ、やわらかくゆでる。
4. 2をスプーンで団子状にし、3に落とし入れる。団子に火が通るまで煮込む（食べるときにくずす）。

副菜

なめらかな口あたりで食も進む
にんじんのとろーり和え

`たんぱく質` `ビタミン・ミネラル`

🌸 **材料（1食分）**

- にんじん…10g
- 豆腐（絹ごし）…30g
- だし汁(p.26)…大さじ1/2

🌸 **作り方**

1. にんじんはゆでてすりつぶす。
2. 豆腐はゆでて水気を切り、すりつぶす。
3. 1、2、だし汁を混ぜ合わせる。

ポイント
春先のにんじんは、特に甘みが増すのでおすすめです。

トマトのうま味と酸味で食欲を刺激
じゃがいものトマトがけ

`炭水化物` `ビタミン・ミネラル`

🌸 **材料（1食分）**

- じゃがいも…10g
- 玉ねぎ…10g
- トマト…20g

🌸 **作り方**

1. じゃがいもは皮をむいたら水にさらしてあくを抜き、やわらかくゆでてつぶす。
2. 玉ねぎはみじん切りにしてゆでる。
3. トマトは湯むき(p.39)をして皮と種をとり、みじん切りにする。
4. 1と2を和えて器に盛りつけ、3をのせる。

アレンジ
新じゃがいもと新玉ねぎを使うと、甘みがさらに増します。

副菜

たんぱく質と野菜を一緒に
白菜の卵黄煮

`たんぱく質` `ビタミン・ミネラル`

材料(3食分)
白菜…30g
ほうれん草…10g
卵黄…1個
だし汁(p.26)…80ml

作り方
1 ほうれん草はゆでて水にさらしてあくを抜き、白菜はゆでて、それぞれみじん切りにする。
2 鍋にだし汁、1を入れて煮る。
3 溶いた卵黄をまわし入れて、ふんわりと火が通るまで煮る。

トマトのうま味とキャベツの甘さが◎
キャベツのトマト煮

`たんぱく質` `ビタミン・ミネラル`

材料(1食分)
キャベツ…10g
トマト…10g
豆腐(絹ごし)…10g
水溶き片栗粉(p.22)…適量
水…適量

作り方
1 キャベツは1〜2mm四方に切る。トマトは湯むき(p.39)をし、皮と種をとって2〜3mm大に切る。
2 豆腐はゆでて2〜3mm角に切る。
3 鍋に1、2、水を入れ、よく煮込む。
4 キャベツがやわらかくなったら水溶き片栗粉を加え、とろみがつくまで加熱する。

カッテージチーズで食べやすく
ブロッコリーのカッテージチーズ和え

`たんぱく質` `ビタミン・ミネラル`

材料(1食分)
ブロッコリー(穂先)…15g
カッテージチーズ…5g
ヨーグルト(無糖)…小さじ1

作り方
1 ブロッコリーはゆでて、みじん切りにする。
2 ボウルにカッテージチーズとヨーグルトを混ぜ合わせて、1を加えて和える。

90

月齢別レシピ

中期 7〜8か月ごろ

野菜の甘みを味わえる
白菜と大根の煮物

`ビタミン・ミネラル`

材料(1食分)
白菜…10g
大根…10g
にんじん…5g
だし汁(p.26)…適量
かつお節…少々
醤油…1〜2滴

作り方
1. 白菜、大根、にんじんはみじん切りにする。
2. 鍋にだし汁を入れ、1を加えてやわらかくなるまで煮る。
3. 細かくしたかつお節を加え、醤油を入れて味を調える。

かつお節とだしの香りと風味が引き立つ
ほうれん草のおかか添え

`ビタミン・ミネラル`

材料(1食分)
ほうれん草(葉先)…20g
かつお節…1つまみ
だし汁(かつお・p.26)…大さじ1

作り方
1. ほうれん草はゆでて水にさらしてあくを抜き、2〜3mm四方に刻む。
2. だし汁にほうれん草を入れて混ぜて器に盛りつけ、かつお節を添える。

しらすのうま味で野菜をパクパク
しらすとキャベツの野菜サラダ

`たんぱく質` `ビタミン・ミネラル`

材料(1食分)
しらす干し…5g
キャベツ…15g
にんじん…5g
青のり…少々

作り方
1. しらす干しは塩抜き(p.35)をして2〜3mm大に刻む。
2. キャベツとにんじんはやわらかくゆで、1〜2mm大に切る。
3. 1と2を和えて器に盛りつけ、青のりをかける。

91

副菜

いちごが入ったおしゃれなサラダ
にんじんとフルーツのデリ風サラダ

`たんぱく質` `ビタミン・ミネラル`

材料（1食分）
- にんじん…20g
- いちご…10g
- ヨーグルト（無糖）…小さじ1

作り方
1. にんじんはやわらかくゆでて、2〜3mm角に切る。
2. いちごは2〜3mm角に切る。
3. 1と2をヨーグルトで和える。

アレンジ
季節のフルーツを使ってアレンジするとバリエーションが広がります。

ひき肉のうま味がたっぷり出たスープ
ほうれん草と鶏ひき肉のスープ

`たんぱく質` `ビタミン・ミネラル`

材料（2食分）
- 鶏ひき肉…20g
- ほうれん草…20g
- にんじん…5g
- 玉ねぎ…10g
- 水…80ml

作り方
1. ほうれん草はゆでて水にさらしてあくを抜き、2〜3mm四方に切る。にんじん、玉ねぎは2〜3mm大に切る。
2. 鍋に水、にんじん、玉ねぎを入れてやわらかくゆでる。
3. 鶏ひき肉を加えて、ほぐしながら火を通す（水分が減ったら、その都度足す）。ほうれん草を加え、火が通るまで煮る。

食材のうま味が凝縮したスープ
ぽかぽかポトフ

`たんぱく質` `ビタミン・ミネラル`

材料（2食分）
- 鶏ひき肉…20g
- キャベツ…10g
- にんじん…10g
- 玉ねぎ…10g
- だし汁（昆布・p.26）…50ml
- 水溶き片栗粉（p.22）…適量

作り方
1. キャベツは1〜2mm四方に、にんじん、玉ねぎは2〜3mm大に切る。
2. 鍋にだし汁を入れ、鶏ひき肉、1を入れてやわらかく煮る（水分が減ったら、その都度足す）。
3. 水溶き片栗粉を入れ、とろみがつくまで加熱する。

月齢別レシピ

7〜8か月ごろ 中期

ビタミンとカロテンがたっぷり
じゃがいものおかか和え

`炭水化物` `ビタミン・ミネラル`

材料（1食分）
- じゃがいも…20g
- にんじん…10g
- かつお節…少々

作り方
1. じゃがいもは皮をむいて水にさらし、あくを抜きをする。にんじんと一緒にやわらかくゆで、みじん切りにする。
2. 1とかつお節を和える。

アレンジ
豆腐を足して、ボリュームアップさせてもOK。

ミルクの甘みと野菜のうま味
野菜のミルクシチュー

`炭水化物` `たんぱく質` `ビタミン・ミネラル`

材料（1食分）
- 鶏ひき肉…10g
- じゃがいも…10g
- にんじん…5g
- ブロッコリー（穂先）…5g
- 育児用ミルク…大さじ2
- だし汁(p.26)…100ml
- 水溶き片栗粉(p.22)…適量

作り方
1. じゃがいもは皮をむいて水にさらしてあくを抜き、2〜3mm角に切る。にんじん、ブロッコリーもそれぞれ2〜3mm大に切る。
2. 鍋にだし汁、じゃがいも、にんじんを入れて煮る。さらに鶏ひき肉、ブロッコリーを加え、やわらかくなるまで煮る。
3. 育児用ミルクを入れて混ぜ、火をとめる。水溶き片栗粉を入れて加熱し、とろみをつける。

おやつにもおかずにも
かぼちゃのりんご煮

`ビタミン・ミネラル`

材料（1食分）
- かぼちゃ…15g
- りんご…15g

作り方
1. かぼちゃはラップでふんわりと包む。電子レンジで20秒加熱し、皮と種をとってつぶす。
2. りんごはすりおろす。
3. かぼちゃとりんごを混ぜて耐熱容器に入れ、ふんわりとラップをし、電子レンジで15秒加熱する。

副菜

水切りヨーグルトにフルーツソースを添えて
クリーミーヨーグルト

`たんぱく質` `ビタミン・ミネラル`

材料（1食分）
- ヨーグルト（無糖）…60g
- フルーツソース
  - いちご…1個
  - 水…大さじ1/2

作り方
1. ヨーグルトは水切りをする。
2. 鍋にいちごと水を入れ、いちごをつぶしながら加熱する。
3. 1を器に盛りつけ、2をかける。

ポイント

ボウル、ザル、ペーパータオルの順に重ねた上にヨーグルトを入れ、30分ほど水切りを。コーヒーフィルターを使うと、より簡単です。

きな粉をプラスして風味アップ
バナナプラスきな粉

`たんぱく質` `ビタミン・ミネラル`

材料（作りやすい分量）
- バナナ…50g
- きな粉…大さじ1
- お湯…適量

作り方
1. バナナはひと口大に切って耐熱容器に入れ、ラップをして電子レンジで1分ほど加熱する。すりつぶし、お湯でのばす。
2. きな粉をお湯でのばす。
3. 1を器に盛り、2をのせる。

さつまいもの食感を残してかむレッスン
さつまいもプラスヨーグルト

`炭水化物` `たんぱく質`

材料（1食分）
- さつまいも…25g
- ヨーグルト（無糖）…15g

作り方
1. さつまいもは皮を厚めにむき、水にさらしてあく抜きをした後、小さく切る。
2. 1をやわらかくゆでて、少し形が残るようにつぶす。
3. 器に2を盛りつけ、ヨーグルトをかける。

ポイント

粗めにつぶすときには、フォークで。あえて食感を残すことで、かむ練習になります。

94

月齢別レシピ 7〜8か月ごろ編

中期 7〜8か月ごろ

先輩ママ717人に聞いた うちの子の場合、こんな感じで食べてます!

先輩ママたちに、お子さんと離乳食の様子をアンケート。苦手なものを食べる工夫などをご紹介します。

空腹はおいしく食べるスパイス

おなかが空いているときに与えるようにしていました。空腹は何よりの食欲になるので、我が家の場合、手足を動かして適度な運動をしたり、生活リズムを整えたりするようにしました。　〈東京都・30代〉

好きなものと交互に

苦手なものは、すりつぶして与えたり、好きなものと交互に食べさせていました。うちの子はバナナが好きで、野菜が苦手。交互に食べさせたら、モグモグと食べてくれました。また、とろみをつけて飲み込みやすくもしていました。　〈東京都・30代〉

数種類を混ぜてみる

トマトが苦手だったので、加熱して玉ねぎやにんじんと一緒にトマトソース風にしたら、食べるようになりました。　〈愛知県・20代〉

とろみに救われました

鶏ささみは、もそもそした食感が苦手なのか、食べませんでした。そこでとろみをつけたら、パクパクと食べるように。とろみづけって大切なのね、と実感しました。　〈東京都・30代〉

豆腐やおかゆでしっとりさせる

パサつきが気になるのか、卵の黄身や魚が苦手でした。のどごしのよい豆腐やおかゆに混ぜて、しっとりさせたら食べるようになりました。　〈千葉県・30代〉

気分転換で食欲アップ

いつもは私(ママ)があげるのですが、お休みの日はパパが離乳食担当。息子もうれしいのか、よく食べるような気がします。〈東京都・40代〉

※先輩ママのコメントは、ベビーカレンダーがユーザーに対し2018年12月に行ったアンケートからの抜粋です(調査件数717件)。

9〜11か月ごろの進め方

3回の食事が栄養素やエネルギーの中心に

2回食が定着し、生活リズムも整ってきたら、3回食へと進みましょう。少しずつ大人と同じ食事時間に合わせます。

9〜11か月ごろ(前半)

このころの目安

- □ バナナ程度の硬さのものを、モグモグと食べられる
- □ 主食・主菜・副菜を合わせて子ども茶碗1杯分食べられる
- □ 生活リズムが整いはじめ、1日2回の離乳食の時間が固定されている
- □ バナナの薄切りを前歯でかみとり、歯ぐきでつぶせる

母乳やミルクが減って3回食になります

2回食が定着し、散歩や睡眠の生活リズムが整ってきたら、いよいよ3回食へと進みます。母乳とミルクの回数も減り、離乳食が中心に。**主食、主菜、副菜がそろう**ような献立を意識します。フリージングやベビーフードの活用もおすすめです。また、好き嫌いが出てくる時期でもありますが、味ではなく食べにくくて嫌がることも。硬さや形状を見直したり、焼く・煮る・蒸すなど調理方法を工夫してください。赤ちゃんもその日の気分で食べたいもの、食べたくないものがあります。食べない食材も、日をおいて出すと食べることもあります。

バナナ程度の硬さの物を歯ぐきでつぶせ、食べることへの興味も増してくる時期。手づかみ食べもはじまり、手に持ったものを自分で口に運べるようになっていきます。

手づかみ食べのポイント

手づかみ食べができる食事に

① ごはんをおにぎりに、野菜をゆでてスティック状に、などメニューを工夫しましょう。
② 前歯で「ひと口分」をかじりとる練習を。
③ 食べ物は赤ちゃん用のお皿にのせるといいでしょう（手前に取り皿をひとつおき、そこへ少量ずつ取り分けていくのがおすすめ）。また、汁物は少量を入れます。

96

月齢別レシピ

後期　9〜11か月ごろ

この時期のスケジュール例

朝・昼・夕の3回食のリズムをつけたい時期です。

- 6:00　母乳・ミルク
- 10:00　離乳食／母乳・ミルク
- 12:00　初めてあげる食材は、この時間に。1日1品1さじからスタートします。
- 14:00　離乳食／母乳・ミルク
- 18:00　離乳食／母乳・ミルク　お昼を少し過ぎた時間に。前の離乳食、授乳から4時間ほどあけて。
- 22:00　母乳・ミルク

口の発達に合わせた食べさせ方

動画はコチラ

食べさせ方

手づかみ食べがしやすい、やや前傾した姿勢がとれるようにイスを調整します。

床か足置きに足の裏が完全について、安定した姿勢がとれるようにします。

日本歯科大学教授
Dr.田村文誉のアドバイス

丸飲みに注意して、よくかむ練習を。

口の中の動き

歯ぐきでつぶせるように

舌や下あごを前後・上下・左右に動かせるように。バナナ程度の硬さのものを前歯でかじりとり、歯ぐきでかんでつぶせるようになります。しかし、かんだものを飲み込むためには、唾液と十分に混ぜなくてはなりません。繊維質のものやパサついた食材は、とろみづけをして、食べやすくしてください。

コップで飲む練習

いきなりコップで飲むのは、意外と難しいもの。スプーンやレンゲで汁物などを飲む練習からはじめましょう。おちょこなど、小さな容器を使うのもおすすめです。

9～11か月ごろ（後半）

手づかみ食べ
しやすい
メニューも◎。

調味料も使って、
味にバリエーションを。

このころの目安

- ☐ 手づかみ食べなどで自ら食べようとしている
- ☐ 3回食のリズムが整ってきた
- ☐ バナナ程度の硬さのものをかじりとって歯ぐきでつぶせている

手づかみ食べは食べるための学習時間

手づかみ食べは目で見たものを手でつかみ、硬さ・感触・温度などを感じ、前歯でかじりとることで咀しゃくを促します。さまざまな食品を手づかみ食べすることで、その食品に合った自分なりのひと口量、かむ力の加減などを身につけていきます。ときに詰め込みすぎてしまうこともありますので、のどに詰まらせないよう、大人が見守ることが大切です。

手づかみ食べは、食べることの自立に向けた貴重な学びの機会です。そこで、赤ちゃんが十分に手づかみ食べをできるような環境を整えましょう。もちろん、大人がゆったりした気持ちで食事を与えることも大切。イスの下に新聞紙やビニールシートを敷いたり、食事をひっくり返されないよう取り皿に少量ずつのせていったりなど、汚れや食べこぼし対策をすることもおすすめです。

この時期のスケジュール例

3回目の食事はあまり遅い時間にならないように、リズムを作ります。

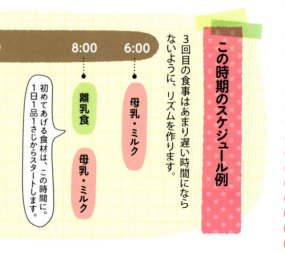

- 6:00 母乳・ミルク
- 8:00 離乳食／母乳・ミルク　初めてあげる食材は、この時間に。1日1品1さじからスタートします。
- 12:00 離乳食／母乳・ミルク　お昼あたりに。少しずつ大人の食事時間に合わせます。
- 14:00 おなかが空くようであれば、ここでおやつ（間食）を。
- 18:00 離乳食／母乳・ミルク
- 22:00 母乳・ミルク　遅くならないようにこのくらいの時間に食べさせて、早寝の習慣を。

月齢別レシピ

【後期】 9〜11か月ごろ

9〜11か月ごろの気がかりQ&A
堤先生に聞く

Q 食べることに集中せず、遊んでしまいます

A 集中できる環境を

空腹の状態で食べられていますか？ テレビがついていたり、おもちゃが目の前にあったりしませんか？ 集中できる環境を整えましょう。**食事時間は20〜30分を目安に**して、途中から遊んで食べなくなったら、赤ちゃんと一緒に「ごちそうさま」の合図をして、食事を切り上げてしまいます。

このくり返しで、食事の時間にしっかり食べることをことを学んでいきます。

Q 母乳ばかり飲んで、離乳食を食べません。あげないと機嫌が悪くなります

A 形状や好みを見直して

母乳の約88％は水分。体の成長が著しいこの時期は、離乳食からもエネルギーや栄養素をとらないと、必要分がまかなえません。**かんで飲み込む練習も進まなくなるので、離乳食の形状・味付け・硬さなどを再度確認し、**離乳食を食べることに少しずつ慣れるようにします。

奥歯や歯ぐきでつぶす体験をたくさんする必要があります。**手でつかみ、前歯でかみとれるメニューがおすすめ。**やわらかくゆでたにんじん、じゃがいもやトーストなどを丸飲みできない大きさのスティック状にして、練習します。

Q 丸飲みをすることが多く、困っています

A 少し大きめのものを前歯でかみとる練習を

少し大きめのものを前歯でかじりとることで、咀しゃくのスイッチが入ります。そこで少し大きめのものを前歯でかじりとり、前歯で食材をかじりとることで、咀しゃくのスイッチが入ります。

Q ベビーフードを好んで、手作りのものを食べなくなりました

A 割り切ってベビーフードをあげる時期にしてもOK

ベビーフードの味付けや硬さが好みなのかもしれません。**ベビーフードを味見して、近づけてみてはいかがでしょうか。**おかゆにベビーフードをかけたり、ほぐした魚や肉にかけてあんかけにしたり、手作りと混ぜる方法もあります。それでも手作りベビーフードしか食べなければ、「今はそんな時期」と**割り切って**。赤ちゃんの好みも変わるので、手作りを食べるようになる日を待ちましょう。

9〜11か月ごろ
食材の大きさと分量
（1回あたり）

炭水化物

おかゆは5倍がゆから軟飯へ

おかゆは9か月ごろは5倍がゆに、慣れてきたら水分を少しずつ減らして軟飯に。軟飯は普通のごはんよりもやわらかめな状態です。また、食パンは少ししめらせて1cm大に、めんは1cmほどに切ります。

> **ほかの炭水化物食材・目安量**
> 食パン25〜30g、またはゆでうどん60〜90g、またはいも類30〜40g。

例：おかゆ

 分量 5倍がゆ90g〜軟飯80g

※写真は5倍がゆ90g

献立のポイント

主菜
フィッシュチーズグラタン（p.108）

副菜
ほうれん草のトマト和え（p.118）

主食 5倍がゆ（p.24）

栄養バランスを意識して

1日に必要な栄養素等の半分以上を離乳食からとるようになる時期だけに、栄養バランスも意識したいものです。主食をおやきやパンケーキなど手でつかめるものにすると、赤ちゃんの食への欲求や興味がさらに増すかもしれません。主菜では牛肉・豚肉の赤身や、赤身の魚を使ったメニューなども。

月齢別レシピ

後期 9〜11か月ごろ

たんぱく質

鶏ひき肉は1cmほどの団子状に

鶏肉や魚はやわらかくゆで、鶏肉は1〜2mm大、魚は5〜8mm大にほぐします。鶏ひき肉は1cm大の団子状にしても。食べられる食材も増えてきますが、たんぱく質のとりすぎには注意。

ほかのたんぱく質食材・目安量
肉・魚15g、または全卵1/2個、または乳製品80g。

例：豆腐（絹ごし）
分量 **45g**
大きさ **5mm角**

ビタミン・ミネラル

例：にんじん
分量 **30〜40g**
※写真は40g
大きさ **5〜8mm角**
スティック状

そのまま食べるならスティック状も

にんじんなどは、指でつぶせる程度のやわらかさにします。大きさは5mm角からはじめて、慣れてきたら7〜8mm角に、手づかみ食べのときはスティック状に。キャベツや白菜は2〜3mm四方に刻みます。

ほかのビタミン・ミネラル食材・目安量
野菜・果物30〜40g。

※分量は、1種類だけを使う場合の量です。2種類以上使うときは、それぞれの量を減らして調整してください。

9〜11か月ごろ　離乳食あるある！

月齢別レシピ

9〜11か月ごろの おすすめレシピ

後期
9〜11か月ごろ

1日3回食。1日に必要なエネルギーや栄養素の半分以上を離乳食からとるので、栄養バランスも考えたいですね。食べる時間は、大人と少しずつ合わせて。

主食

甘みのあるキャベツとタラがマッチ
タラとキャベツのおかゆ

炭水化物　たんぱく質　ビタミン・ミネラル

材料（1食分）
- 5倍がゆ(p.24)…80g
- キャベツ…15g
- タラ(生)…5g
- かつお節…少々

作り方
1. キャベツは2〜3mm四方に切る。タラはゆでて骨と皮をとり、5mmほどにほぐす。
2. 鍋に1と少量の水を入れ、煮立てる。
3. 煮立ったら5倍がゆを入れ、ひと煮立ちさせる。
4. 器に盛りつけ、細かくしたかつお節をふりかける。

野菜たっぷりで見た目にもカラフル
ミネストローネ風おかゆ

小麦粉

炭水化物　ビタミン・ミネラル

材料（2食分）
- ごはん…40g
- マカロニ…5g
- カットトマト水煮缶…20g
- ブロッコリー…10g
- かぼちゃ…10g
- にんじん…5g
- コンソメ…2g
- 水…適量

作り方
1. 野菜は下処理をしてすべて5mm大に切る。
2. マカロニは、ゆでて小さく切る（細かくなっているベビー用を使ってもOK）。
3. 鍋にすべての材料を入れ、やわらかくなるまで煮込む。

\ 動画はコチラ /

主食

ささみでお肉をかむ練習を
鶏肉とトマトのリゾット風

`炭水化物` `たんぱく質` `ビタミン・ミネラル`

❁ 材料（1食分）

軟飯(p.24)…40g
鶏ささみ…15g
トマト…15g
ほうれん草…10g
塩…少々
水…200ml

❁ 作り方

1 鶏ささみはゆでて1〜2mmにほぐす。トマトは湯むき(p.39)をして種をとり、5mm大に切る。ほうれん草はゆでて水にさらしてあくを抜き、5mm四方に刻む。
2 鍋に水、軟飯、鶏ささみを入れて、ひと煮立ちさせる。トマトとほうれん草を加えて混ぜ、塩で味を調える。

缶詰めを使えば楽チン
コーンクリームのパンがゆ

`炭水化物` `たんぱく質` `ビタミン・ミネラル`

❁ 材料（1食分）

食パン(8枚切り)…1/2枚
コーンクリーム缶…40g
卵…1/2個
牛乳…大さじ1と小さじ2

❁ 作り方

1 食パンは耳をとり、5mm角に切る。
2 鍋にコーンクリームと牛乳を入れ、弱火で温める。
3 食パンを鍋に加え、卵を溶き入れてしっかり火を通す。

ツナを入れてたんぱく質も摂取
ツナパンがゆ

`炭水化物` `たんぱく質`

❁ 材料（1食分）

食パン(8枚切り)…1/2枚
ツナ水煮缶…15g
育児用ミルク…100ml

❁ 作り方

1 食パンは耳をとり、5mm角に切る。
2 鍋に食パン、育児用ミルクを入れて弱火で温める。
3 2に汁気を切ったツナ水煮を加えて、混ぜ合わせる。

104

月齢別レシピ

後期 9〜11か月ごろ

ツナチーズマフィン
ツナとマヨネーズでコクうまなマフィン

`炭水化物` `たんぱく質`

材料（3個分：ココット皿直径6×高さ4cm）

- ツナ水煮缶…40g（汁含む）
- マヨネーズ…小さじ2
- 溶けるチーズ…10g
- 卵…1個
- 牛乳…大さじ1と小さじ1
- 小麦粉…30g
- ベーキングパウダー…小さじ1/4

作り方

1. ツナ水煮とマヨネーズを和える。
2. ボウルに**1**、卵、牛乳を入れて泡立て器でよく混ぜる。
3. **2**に小麦粉とベーキングパウダーをふるいにかけて加え、ゴムベラで混ぜ合わせる。
4. ココット皿にオーブン用シートを敷き、**3**を流し入れて溶けるチーズをのせ、170℃のオーブンで火が通るまで12〜16分焼く。

かぼちゃの蒸しパン
かぼちゃの甘みとヨーグルトの酸味がマッチ

`炭水化物` `たんぱく質` `ビタミン・ミネラル`

材料（1食分：ココット皿直径6×高さ4cm）

- かぼちゃ…10g
- ホットケーキミックス…20g
- ヨーグルト（無糖）…10g
- 水…小さじ2

ポイント

オーブン用シートを折り込みながらココット皿に敷く。焼き上がったら、そのままシートごと取り出せます。

作り方

1. かぼちゃはラップをふんわりかけて電子レンジで20秒加熱し、皮と種をとり、つぶしておく。
2. ホットケーキミックス、ヨーグルト、水をよく混ぜる。
3. **2**に**1**を加えてよく混ぜる。
4. ココット皿にオーブン用シートを敷いて**3**を流し入れ、電子レンジで2分加熱する。竹串をさして生地がつくときは、さらに加熱する。

ネバネバパスタ
栄養豊富な納豆が主役のパスタ

`炭水化物` `たんぱく質`

材料（1食分）

- スパゲッティ（サラダ用・乾燥）…15g
- ひきわり納豆…15〜20g
- 醤油…少々
- 青のり…少々

アレンジ

スパゲッティをそうめんに変えても、おいしくできあがります。しらす干しなどを加えると、うま味と栄養価がアップ。

作り方

1. スパゲッティを1〜2cmの長さに折ってやわらかくゆでる（商品パッケージに記載されている時間よりやや長めに）。
2. ひきわり納豆と醤油を混ぜ合わせる。
3. ゆであがったスパゲッティを湯切りし、**2**と和える。
4. 器に盛りつけ、青のりをちらす。

105

主食

甘みのあるマカロニ。手づかみ食べにも
マカロニきな粉

`炭水化物` `たんぱく質`

🌸 **材料（1食分）**

マカロニ（サラダ用）…10g
きな粉…大さじ1
砂糖…小さじ1/4

🌸 **作り方**

1. マカロニをやわらかくゆでる（商品パッケージに記載されている時間よりやや長めに）。
2. ゆであがったマカロニの湯を切り、ボウルに入れる。
3. 2が熱いうちに、きな粉と砂糖を混ぜ合わせる。

アレンジ
きな粉と砂糖を粉チーズに代えると、おかずにもなります。粉チーズの分量は、大さじ1/2〜1/3に。

もっちりして食べやすい
ツナと里いものおやき

`炭水化物` `たんぱく質` `ビタミン・ミネラル`

🌸 **材料（6個分）**

里いも…100g
にんじん…20g
ツナ水煮缶…70g
ごま…5g
ごま油…少々

🌸 **作り方**

1. 里いもとにんじんはひと口大に切ってやわらかくゆで、なめらかになるまでつぶす。
2. 1に汁気を切ったツナ水煮を入れて混ぜる。さらにごまも加える。
3. 丸く形を整え、ごま油を薄く引いたフライパンを中火で熱し、両面に焼き色がつき中に火が通るまで焼く。

ふんわりやさしい口あたり
お好み焼き風パンケーキ

`炭水化物` `たんぱく質` `ビタミン・ミネラル`

🌸 **材料（2食分）**

小麦粉…30g
卵…1/2個
しらす干し…10g
キャベツ…5g
玉ねぎ…5g
豆乳…大さじ1
だし汁(p.26)…適量
塩…適宜
サラダ油…少々

🌸 **作り方**

1. キャベツ、玉ねぎはみじん切りに。しらす干しは塩抜き(p.35)し、卵は溶いておく。
2. ボウルにすべての材料を入れて、混ぜ合わせる。
3. サラダ油を引いたフライパンにスプーンで2を流して、弱火で中に火が通るまで焼く。

ポイント
手づかみしやすい大きさに作って。パンケーキほどの薄さが、持ちやすいです。

月齢別レシピ

後期 9〜11か月ごろ

チーズでコクとうま味がアップ
里いもチーズおやき

`炭水化物` `たんぱく質`

材料（1食分）
- 里いも…40g
- 粉チーズ…小さじ1
- 青のり…少々
- サラダ油…少々

作り方
1. 里いもはやわらかくゆで、熱いうちにつぶす。
2. 1に粉チーズ、青のりを混ぜ、食べやすい大きさに形を整える。
3. フライパンに薄くサラダ油を引き、両面に薄く焼き色がつくまで焼く。

アレンジ
青のりをしらす干しに変えると、カルシウム量がアップします。

きな粉を使って和風味に
豆乳きな粉フレンチトースト

`炭水化物` `たんぱく質`

材料（1食分）
- 食パン（8枚切り）…1/3枚
- 卵…1/3個
- 豆乳…大さじ1
- きな粉…少々
- バター…少々

作り方
1. 食パンは耳をとり、食べやすい大きさに切る。
2. ボウルに卵と豆乳を入れて混ぜ、1を浸す。
3. 2にきな粉をまぶし、フライパンにバターを溶かして中に火が通るまで焼く。

キッシュ風にして卵も野菜もとれる一品に
パンキッシュ

`炭水化物` `たんぱく質` `ビタミン・ミネラル`

材料（2食分）
- 食パン（8枚切り）…1枚
- ほうれん草…30g
- サラダ油…少々
- A ┌ 卵…1個
    │ 豆乳…大さじ2
    └ 粉チーズ…大さじ1

ポイント
パンの耳が枠型の代わりに。耳が硬ければ、切り落として。

作り方
1. 食パンの真ん中を四角に切り抜く。抜いた食パンは1cm角に切る。
2. ほうれん草をゆでて水にさらしてあくを抜き、細かく刻む。
3. ボウルにA、2、切り抜いた食パンを加えてよく混ぜる。
4. サラダ油を引いたフライパンに食パンの枠を置き、真ん中に3を流し入れて中に火が通るまで焼く。食べやすい大きさに切る。

主菜 **主食**

ごまの風味が香る甘くないフレンチトースト
黒ごまフレンチトースト

`炭水化物` `たんぱく質`

🌸 材料（1食分）
食パン(8枚切り)…1/3枚
豆乳…大さじ2
卵…1/3個
すりごま(黒)…小さじ1/2
バター…1g

🌸 作り方
1. 卵を溶き、豆乳とすりごまを加えてよく混ぜる。
2. 耳をとった食パンを1に浸す。
3. フライパンにバターを入れて弱火で熱し、2を焼く。
4. 焼き色がついたら裏返し、ふたをして両面に焼き色をつけて中まで火を通す。食べやすい大きさに切る。

主菜

さば缶を使えば、ほぐすのが簡単
フィッシュチーズグラタン

`たんぱく質`

🌸 材料（2食分）
さば水煮缶…15g
豆腐(絹ごし)…35g
溶けるチーズ…5g

🌸 作り方
1. さば水煮の汁気を切り身をほぐす。
2. ゆでた豆腐を水切りし、5mm角に切る。
3. 耐熱容器に1と2を混ぜて盛りつけ、溶けるチーズをのせて、トースターでチーズが溶けるまで焼く。

ポイント

豆腐はペーパータオルで包み、豆腐の倍量の重し（ボウルなど）をのせて水切りします。

苦手な野菜もオムレツにして食べやすく
ひき肉入りオムレツ

`たんぱく質` `ビタミン・ミネラル`

🌸 材料（3食分）
卵…1個
鶏ひき肉…20g
ブロッコリー(穂先)…10g
にんじん…10g
牛乳…大さじ1
サラダ油…少々
塩…少々

🌸 作り方
1. ブロッコリーとにんじんは、ゆでてみじん切りにする。鶏ひき肉はゆでておく。
2. ボウルに溶いた卵、1、牛乳、塩を入れてよく混ぜる。
3. フライパンにサラダ油を引いて熱し、2を流し入れる。
4. ゆっくり箸でかき混ぜながら形を整え、火が通るまで焼く。

108

月齢別レシピ

後期 9〜11か月ごろ

豚肉のトマト煮込み
ひき肉もとろみをつけることで食べやすく

`たんぱく質` `ビタミン・ミネラル`

❀ 材料（1食分）
- 豚ひき肉(赤身)…15g
- トマト…25g
- ブロッコリー(穂先)…3g
- だし汁(p.26)…大さじ2
- 片栗粉…小さじ1/2

ポイント
かむ練習や手づかみのために、10か月をすぎたら、ひき肉を団子状にしてみましょう。

❀ 作り方
1. 豚ひき肉はゆでて油抜きし、粗く刻む。
2. トマトは湯むきをして種をとり、5mm角に切る。ブロッコリーはやわらかくゆでて、5mm大に切る。
3. 鍋に1、トマト、だし汁、片栗粉を入れて、弱火でとろみが出るまで温める。
4. 器に盛りつけ、ブロッコリーをのせる。

豆腐入り肉団子の野菜あんかけ
豆腐を入れてふわふわの肉団子に

`たんぱく質` `ビタミン・ミネラル`

❀ 材料（4食分）
- 豚ひき肉(赤身)…50g
- 片栗粉…4g
- 豆腐(木綿)…30g
- 白菜(葉先)…10g
- にんじん…5g
- だし汁(p.26)…50ml
- 砂糖…1g
- 醤油…少々
- 水溶き片栗粉(p.22)…小さじ1と1/2

❀ 作り方
1. 豆腐はゆでて水切りをする。
2. ボウルに豆腐、豚ひき肉、片栗粉を入れて混ぜ合わせ、1cm大の肉団子を作る。
3. 肉団子をゆでて、中まで火を通す。
4. 白菜、にんじんをみじん切りにする。
5. 鍋にだし汁、4を入れ、やわらかくなるまで煮る。
6. 3、砂糖、醤油を加える。水溶き片栗粉を入れて、とろみがつくまで加熱する。

ささみの棒々鶏風サラダ
マヨネーズを入れるとコクが出ます

`たんぱく質` `ビタミン・ミネラル`

❀ 材料（1食分）
- 鶏ささみ…15g
- きゅうり…10g
- A
  - 練りごま(白)…3g
  - 醤油…少々
  - マヨネーズ…少々
  - 水…小さじ1

❀ 作り方
1. 鶏ささみをゆでて、1〜2mmにほぐす。きゅうりは1〜2mmのせん切りにする。
2. ボウルにAを混ぜ合わせておく。
3. 2に1を加えて和える。

主菜

とろみをつけるとグンと食べやすく
鯛のとろとろ野菜煮込み

`たんぱく質` `ビタミン・ミネラル`

❀ 材料(1食分)

鯛(生)…15g
しいたけ…5g
にんじん…10g
キャベツ…15g
だし汁(p.26)…80ml
醤油…少々
水溶き片栗粉(p.22)…大さじ1

❀ 作り方

1 しいたけ、にんじん、キャベツはそれぞれみじん切りにする。
2 鯛はゆでて骨と皮をとり、5mm大にほぐす。
3 鍋にだし汁、1を入れてやわらかくなるまで煮る。
4 野菜がやわらかくなったら鯛を加え、醤油で味付けをし、水溶き片栗粉を入れてとろみがつくまで加熱する。

ふわふわ食感の揚げないがんもどき
ふわふわ鮭のがんもどき風

`たんぱく質` `ビタミン・ミネラル`

❀ 材料(8食分)

鮭(生)…50g
豆腐(木綿)…40g
玉ねぎ…20g
にんじん…10g
片栗粉…小さじ1
醤油…少々
サラダ油…少々

❀ 作り方

1 鮭をゆでて皮と骨をとり、5mm大に。
2 豆腐はゆでて、水切りをする。
3 玉ねぎとにんじんは、それぞれみじん切りにして耐熱容器に入れラップをし、電子レンジで40秒加熱する。
4 ビニール袋に1、2、3、片栗粉、醤油を入れてもみ混ぜる。
5 食べやすい形にし、サラダ油を引いたフライパンで両面を焼き、中まで火を通す。

ポイント

ビニール袋に入れて混ぜれば、洗いものを減らせます。

あおさが香る
豆乳とあおさの卵焼き

`たんぱく質` `ビタミン・ミネラル`

❀ 材料(3食分)

卵…1個
豆乳…大さじ2
きな粉…10g
あおさ…1g
砂糖…3g
バター…5g

❀ 作り方

1 ボウルにバター以外のすべての材料を入れて、混ぜ合わせる。
2 卵焼き器やフライパンにバターを入れて熱し、卵焼きを焼く要領で1を中に火が通るまで焼く。
3 ひと口大に切る。

ポイント
卵焼き器で焼くと、きれいな形に仕上がります。

110

月齢別レシピ

後期 9〜11か月ごろ

カンパチの刺し身を使ってお手軽に
カンパチのとろとろ白菜煮

`たんぱく質` `ビタミン・ミネラル`

材料（1食分）
- カンパチ（刺身用）…15g
- 白菜…20g
- ほうれん草…10g
- 水…100ml
- 醤油…少々
- 塩…少々
- 水溶き片栗粉(p.22)…少々

作り方
1. 白菜は2〜3mm、ほうれん草はゆでて水にさらしてあく抜きをして5mm四方に切る。
2. 鍋に水と白菜を入れて沸騰させ、カンパチとほうれん草を入れる。醤油と塩を入れ、弱火で白菜がやわらかくなるまで煮る。
3. カンパチを取り出し、5mmに切る。
4. 鍋に 3 を戻し、水溶き片栗粉を入れてとろみがつくまで加熱する。

豆腐と卵でふんわりとした食感に
さばの豆腐ハンバーグ

（卵）

`たんぱく質`

材料（2食分）
- さば水煮缶…10g
- 卵…1/3個
- 豆腐（木綿）…10g
- 青のり…適量
- 味噌…適量
- サラダ油…少々

ポイント
焼き魚用ホイルを敷いたフライパンで焼くと、焦げつきにくいのでおすすめ。

作り方
1. ボウルに汁気を切ってほぐしたさば水煮、卵、ゆでて水切りした豆腐、青のり、味噌を入れて、よく混ぜ合わせる。
2. フライパンにサラダ油を引き、食べやすい大きさに形を整えた 1 を両面焼き、中まで火を通す。

味噌と牛乳のコクが加わった
鮭とほうれん草のミルク味噌煮

`たんぱく質` `ビタミン・ミネラル`

材料（3食分）
- 鮭（生）…40g
- ほうれん草…40g
- 牛乳…大さじ3
- 味噌…少々

作り方
1. 鮭はゆでて皮と骨をとり、5mm大にほぐす。ほうれん草はゆでたら水にさらしてあくを抜き、5mm四方に切る。
2. 鍋に牛乳、鮭を入れ、弱火で加熱する。
3. ほうれん草、味噌を加えてひと煮立ちさせる。

（乳製品）

主菜

卵液にくぐらせて魚を食べやすく
タラのピカタ

`たんぱく質`

材料（1食分）
タラ(生)…15g
小麦粉…少々
卵黄…1/3個
サラダ油…少々

作り方
1 タラは皮と骨をとり、薄く小麦粉をつける。
2 溶いた卵黄に、1をからませる。
3 フライパンにサラダ油を引き、弱火で2を中に火が通るまで焼く。

タラと野菜のうま味が溶けだした一品
白身魚のうま煮

`炭水化物` `たんぱく質` `ビタミン・ミネラル`

材料（1食分）
タラ(生)…15g
さつまいも…20g
ブロッコリー(小房)…10g
だし汁(昆布・p.26)…70ml
醤油…少々

作り方
1 タラはゆでて骨と皮を取りのぞき、5mm大にほぐす。
2 さつまいもは皮をむいて水にさらしてあくを抜き5mm角に、ブロッコリーはゆでて5mm大に刻む。
3 鍋にだし汁とさつまいもを入れ、さつまいもがやわらかくなるまでゆでる。
4 3にタラとブロッコリー、醤油を加えて、ひと煮立ちさせる。

大根おろしのとろとろが食べやすい
ヘルシーまぐろのみぞれ煮

`たんぱく質` `ビタミン・ミネラル`

材料（1食分）
まぐろ(刺身用)…15g
大根…10g
だし汁(昆布・p.26)…大さじ2

作り方
1 鍋にだし汁、まぐろを入れてゆで、まぐろに火が通ったら取り出して、5mm大にほぐす。
2 大根をおろす。
3 1の鍋に2とほぐしたまぐろを入れて、ひと煮立ちさせる。

月齢別レシピ

後期 9〜11か月ごろ

バター醤油の風味が食欲をそそる
タラの和風ムニエル

`炭水化物` `たんぱく質`

❀ **材料（1食分）**

- タラ(生)…15g
- 小麦粉…小さじ1/2
- 青のり…少々
- バター…2g
- 醤油…少々

❀ **作り方**

1 小麦粉と青のりを混ぜておく。
2 タラは皮と骨を取りのぞき、1をまぶす。
3 フライパンにバターを入れて熱し、2を入れる。きつね色になって中に火が通るまで焼く。
4 風味付けに醤油をたらす。

アレンジ
青のりを粉チーズに変えると、コクがアップします。

野菜本来の甘みが引き立つ
ツナと野菜の煮物

`たんぱく質` `ビタミン・ミネラル`

❀ **材料（作りやすい分量）**

- にんじん…50g
- 玉ねぎ…50g
- キャベツ…30g
- ツナ水煮缶…1缶
- 水…適量

❀ **作り方**

1 にんじん、玉ねぎ、キャベツはそれぞれ2〜3mm大に切る。
2 鍋に1とツナ水煮を汁ごと入れて水を加え、水分がなくなるまでやわらかく煮詰める。

ココット皿に入れてチンするだけ
キャベツのココットオムレツ

`たんぱく質` `ビタミン・ミネラル`

❀ **材料（1食分）**

- 卵…1/3個
- キャベツ…15g
- だし汁(p.26)…小さじ2

❀ **作り方**

1 キャベツは2〜3mm四方に切る。
2 ボウルにキャベツ、卵、だし汁を入れよく混ぜ合わせて、ココット皿に流し入れる。
3 ラップをかけずに電子レンジで40秒ほど、中に火が通るまで加熱する。

主菜

アスパラガスとパンでボリュームたっぷり
アスパラガスのグラタン

`炭水化物` `たんぱく質` `ビタミン・ミネラル`

❀ 材料（1食分）
- サンドイッチ用パン…1枚
- アスパラガス（穂先）…10g
- ツナ水煮缶…10g
- 牛乳…大さじ2
- 粉チーズ…小さじ1

❀ 作り方
1. アスパラガスはやわらかくゆでて、みじん切りにする。
2. サンドイッチ用パンは細かくちぎり、牛乳にひたしておく。
3. 耐熱容器に**1**、**2**、汁気を切ったツナ水煮を入れ、粉チーズをふりかける。トースターで焼き目がつくまで焼く。

ごはんやうどんにかけても◎
豆腐のそぼろ煮

`たんぱく質` `ビタミン・ミネラル`

❀ 材料（1食分）
- 豚ひき肉…10g
- 豆腐（絹ごし）…20g
- 玉ねぎ…5g
- だし汁(p.26)…大さじ2
- 醤油…少々

❀ 作り方
1. 玉ねぎはみじん切り、豆腐はゆでて5mm角に切る。
2. 鍋にだし汁を入れ、豚ひき肉、玉ねぎを加えて煮る（水気がなくなったら、水を足す）。
3. 豚ひき肉に火が通ったら豆腐を加え、ひと煮立ちさせてから、醤油を入れる。

トマトと大豆のうま味がじんわり
大豆のトマト煮

`たんぱく質` `ビタミン・ミネラル`

❀ 材料（1食分）
- 水煮大豆…大さじ1
- 玉ねぎ…10g
- トマト…20g
- キャベツ…10g

❀ 作り方
1. 水煮大豆は薄皮をむき、5mm大に切る。
2. 玉ねぎ、湯むき(p.39)をして種をとったトマト、キャベツをそれぞれ2〜3mm大に切る。
3. 鍋に**2**と水を入れて、弱火でやわらかくなるまで煮る（途中、水気がなくなったら水を足す）。
4. 大豆を加えてやわらかくなるまで煮る。

ポイント

薄皮は口に残りやすいので、むいて調理します。

114

月齢別レシピ

後期 9〜11か月ごろ

手づかみ食べにもおすすめ
豆腐ハンバーグ

`たんぱく質` `ビタミン・ミネラル`

材料（7個分）
- 鶏ひき肉…80g
- 豆腐（絹ごし）…80g
- にんじん…10g
- 片栗粉…小さじ2
- サラダ油…少々

ポイント
多めに作ってフリージングしてもOK。

作り方
1. にんじんはみじん切りにする。
2. ボウルににんじん、鶏ひき肉、ゆでて水切りした豆腐、片栗粉を入れて混ぜ合わせる。
3. 食べやすい大きさに2の形を整える。
4. フライパンにサラダ油を引き、弱火で中に火が通るまで両面を焼く。

あんかけで飲み込みやすく
豆腐ステーキ

`たんぱく質` `ビタミン・ミネラル`

材料（1食分）
- 豆腐（絹ごし）…20g
- 片栗粉…適量
- ほうれん草（葉先）…10g
- ツナ水煮缶…5g
- 水溶き片栗粉(p.22)…少々
- サラダ油…少々
- 水…大さじ2

作り方
1. 豆腐はゆでて水切りをする。
2. ほうれん草はゆでて水にさらしてあくを抜き、みじん切りにする。
3. 鍋に水、2、汁気を切ったツナ水煮、水溶き片栗粉を入れて加熱し、とろみをつける。
4. 1に薄く片栗粉をまぶし、フライパンにサラダ油を引き、中に火が通るまで両面を焼く。
5. 4を器に盛りつけ、3をかける。

チーズの代わりに炒ったパン粉を使って
豆腐グラタン

`たんぱく質` `ビタミン・ミネラル`

ポイント
パン粉をきつね色になるまで炒ると、香ばしさが出ます。

材料（2食分）
- 豆腐（絹ごし）…50g
- ツナ水煮缶…20g
- ブロッコリー（小房）…30g
- 玉ねぎ…10g
- 味噌…小さじ1
- パン粉…適量
- サラダ油…少々

作り方
1. ゆでたブロッコリーと玉ねぎを5mm大に切る。
2. 汁気を切ったツナ水煮と玉ねぎをサラダ油を引いたフライパンに入れ、玉ねぎが透明になるまで炒める。火から下ろし、ブロッコリーと混ぜる。
3. 豆腐はゆでて水を切り、味噌と合わせてなめらかになるまで混ぜる。
4. 器に2を入れ、3をかける。
5. フライパンでパン粉をきつね色になるまで炒り、4にかける。

主菜

納豆を卵でとじて食べやすく
納豆のやわらか卵とじ

`たんぱく質`

🌸 **材料（3食分）**

ひきわり納豆…1パック
卵…1個
醤油…少々
だし汁(p.26)または水
　…大さじ1と小さじ2

🌸 **作り方**

1. ひきわり納豆を熱湯に浸して粘りをとり、水気を切る。
2. 鍋にだし汁、ひきわり納豆、醤油を入れて温める。
3. 溶いた卵を少しずつ加えて、火を通しながらとじる。

ポイント
小粒の納豆を使う場合は、刻むかビニール袋に入れてつぶしてから使います。

ツナを加えてたんぱく質も一度に摂取
じゃがいものツナ煮

`炭水化物` `たんぱく質`

🌸 **材料（2食分）**

じゃがいも…50g
ツナ水煮缶…大さじ1
豆乳…80ml
だし汁(昆布・p.26)…50ml

🌸 **作り方**

1. じゃがいもは皮をむいて水にさらし、あく抜きをする。
2. 鍋にだし汁、じゃがいもを入れ、やわらかくなるまで煮る。
3. 汁気を切ったツナ水煮と豆乳を加え、じゃがいもを食べやすい形状につぶす。

アレンジ
豆乳の代わりに牛乳を使ってもおいしく作れます。

炒ったパン粉をまぶした揚げないコロッケ
里いものコロッケ

`炭水化物` `たんぱく質`

🌸 **材料（1食分）**

里いも…30g
鶏ひき肉…15g
青のり…適量
パン粉…小さじ2
塩…少々

🌸 **作り方**

1. 鶏ひき肉はゆでる。
2. 里いもはやわらかくなるまでゆで、熱いうちにつぶす。
3. 青のり、1、2、塩をボウルで混ぜ合わせ、食べやすい大きさに形を整える。
4. 油を使わずに炒ったパン粉を3にまぶす。

アレンジ
パン粉は炒る前に、3にまぶしてから焼いてもOK。

月齢別レシピ

後期 9〜11か月ごろ

のりの香りで食欲を刺激
のり入り卵焼き

`たんぱく質`

🌸 材料（2食分）

卵…1個
刻みのり…適量
だし汁(p.26)…大さじ1
サラダ油…少々

🌸 作り方

1. ボウルに卵を溶き、だし汁と刻みのりを入れてよく混ぜる。
2. サラダ油を引いた卵焼き器などで、卵焼きを焼く要領で1をしっかり火が通るまで焼く。

コーンの甘みでより食べやすく
コーンシチュー

`たんぱく質` `ビタミン・ミネラル`

🌸 材料（2食分）

鶏ささみ…10g
ブロッコリー(小房)…20g
にんじん…30g
コーンクリーム缶…30g
豆乳(または牛乳)…大さじ2
片栗粉…適量

アレンジ
ごはんにかければ、ドリア風になります。野菜は旬のものを取り入れるといいですね。

🌸 作り方

1. 鶏ささみはゆでて1〜2mm大に切る。ブロッコリー、にんじんはゆでて5mm大に切る。
2. 鍋にコーンクリームと豆乳を入れ、温める。
3. 2に1と片栗粉を加え、とろみがつくまで加熱する。

栄養満点の具だくさんシチュー
鮭と野菜のミルクシチュー

`たんぱく質` `ビタミン・ミネラル`

🌸 材料（2食分）

鮭(生)…30g
かぶ…30g
にんじん…20g
ブロッコリー(穂先)…20g
育児用ミルク(粉)
　…大さじ1と1/2
水…50ml
水溶き片栗粉
　…大さじ1と小さじ1

🌸 作り方

1. 鮭を焼いて骨と皮をとり、5mm大にほぐす。かぶ、ゆでたにんじん、ブロッコリーは5〜8mm大に切る。
2. 鍋に1、水を入れて、やわらかくなるまで煮る。
3. さらに育児用ミルクを入れてひと煮立ちさせ、水溶き片栗粉を加えてとろみがつくまで加熱する。

アレンジ
鮭の代わりに鶏団子でもおいしくできます。

パンにつけて、鉄分不足の解消に
簡単レバーペースト

`たんぱく質` `ビタミン・ミネラル`

🌸 **材料（作りやすい分量）**
- 鶏レバー…100g
- 玉ねぎ…50g
- 生クリーム…大さじ2
- 水…100ml
- 塩…1つまみ

ポイント
鶏レバーの血抜きは、まず、すじをとり、ひと口大に切って洗い、水に10分ほどつけて、さらによく洗います。

🌸 **作り方**
1. 鶏レバーは血抜きをする。
2. 鍋に水、塩を入れて沸騰させ、1とざく切りにした玉ねぎを加え、ふたをして蒸しゆでをする。
3. 鶏レバーに火が通ったら水を切り、フードプロセッサーなどで撹拌し、生クリームを加えてさらに撹拌してペーストにする。
4. 3を鍋に戻して生クリームに火が通るまで加熱する。

コロコロとした根菜はかむ練習にも
コロコロ根菜の煮物

`炭水化物` `ビタミン・ミネラル`

🌸 **材料（1食分）**
- じゃがいも…20g
- にんじん…10g
- 玉ねぎ…10g
- だし汁（かつお・p26）…適量

🌸 **作り方**
1. 野菜はすべて5mm角に切る（じゃがいもは皮をむいて水にさらし、あく抜きをしてから）。
2. 鍋に1とひたひたになるまでのだし汁を入れ、野菜がやわらかくなるまで煮る。

シンプルに野菜を味わう
ほうれん草のトマト和え

`ビタミン・ミネラル`

🌸 **材料（1食分）**
- ほうれん草（葉先）…10g
- トマト…10g

🌸 **作り方**
1. ほうれん草はゆでて水にさらしてあくを抜き、5mm四方に切る。
2. トマトは湯むき（p.39）をして種をとり、5mm角に切る。
3. 1と2を和える。

月齢別レシピ

後期 9〜11か月ごろ

野菜とたんぱく質を一度に摂取
里いもと野菜の煮物

`炭水化物` `たんぱく質` `ビタミン・ミネラル`

材料（4食分）
- 里いも…50g
- にんじん…15g
- きゅうり…20g
- 豆腐（木綿）…20g
- 醤油…少々
- だし汁(p.26)…200ml
- サラダ油…少々

作り方
1. 里いも、にんじん、きゅうりは皮をむき、5mm角に切る。豆腐はゆでて水を切り、5mm角に切る。
2. 鍋にサラダ油を引いてにんじんを炒めてから、里いも、だし汁を加えて煮る。
3. にんじんと里いもがやわらかくなったら、豆腐、きゅうり、醤油を加え、やわらかくなるまで煮る。

やさしい甘みで食が進む
さつまいもと玉ねぎのクリーム煮

`小麦粉` `乳製品`

`炭水化物` `たんぱく質` `ビタミン・ミネラル`

材料（2食分）
- さつまいも…30g
- 玉ねぎ…20g
- ほうれん草…10g
- 小麦粉…小さじ1
- 牛乳…大さじ2
- 塩…ごく少量
- オリーブオイル…小さじ1
- 水…60ml

作り方
1. さつまいもは皮をむいて7mm角に切り、水にさらしてあく抜きをする。
2. 玉ねぎは5mm大に切り、ラップに包んで電子レンジで40秒加熱し、粗熱をとる。
3. ほうれん草はゆでて水にさらしてあくを抜き、みじん切りに。
4. 鍋にオリーブオイルを入れ、2を弱火で炒めたら小麦粉を加えよく混ぜ、水を加える。
5. 牛乳を入れ、水気を切った1と塩を加えてやわらかくなるまで5分煮る。器に盛りつけ、3をのせる。

さつまいもには食物繊維がたっぷり
さつまいものスティックおやき

`炭水化物` `たんぱく質` `ビタミン・ミネラル`

`乳製品`

材料（2食分）
- さつまいも…40g
- バナナ…20g
- 黒ごま…少々
- きな粉…2g
- 片栗粉…6g
- バター…2g

作り方
1. さつまいもは皮をむいて小さく切ったら水にさらし、あくを抜く。ボウルに大さじ1の水を加えてラップをし、電子レンジで1分加熱する。
2. バナナは小さく切り、1を加えてつぶす。黒ごま、きな粉、片栗粉を加えてよく混ぜる。
3. フライパンにバターを熱し、スティック状にした2を、中に火が通るまで焼く。

119

副菜

ヨーグルトで和えて野菜を食べやすく
さつまいものヨーグルトサラダ

`炭水化物` `たんぱく質` `ビタミン・ミネラル`

❁ 材料（2食分）
- さつまいも…30g
- ブロッコリー（小房）…10g
- レーズン…2g（6粒目安）
- ヨーグルト（無糖）…大さじ1/2
- マヨネーズ…小さじ1/2

❁ 作り方
1. さつまいもは皮をむいて5mm角に切り、水にさらしてあく抜きをする。やわらかくなるまでゆでる。
2. ブロッコリーはゆでて、5mm大に刻む。レーズンはお湯で戻して、みじん切りにする。
3. 1、2を合わせて器に盛りつける。
4. ヨーグルトとマヨネーズを合わせて、3にかける。

フルーツたっぷり
みかんサラダ

`ビタミン・ミネラル`

❁ 材料（1食分）
- みかん…3房
- バナナ…10g

❁ 作り方
1. みかんは薄皮をむき、ほぐす。
2. バナナは5mmの厚さに切る。
3. みかんとバナナを和えて器に盛りつけ、食べるときに小さく切る。

大人用にもアレンジできる
にんじんの白和え

`たんぱく質` `ビタミン・ミネラル`

❁ 材料（1食分）
- 豆腐（絹ごし）…30g
- にんじん…10g
- すりごま…小さじ1/2
- 醤油…少々

❁ 作り方
1. 豆腐はゆでて水切りをしてつぶす。
2. にんじんはゆでて、みじん切りにする。
3. ボウルに豆腐、にんじん、すりごまを入れて和える。醤油を加えて味を調える。

`アレンジ`
醤油の量を調整すれば、大人のおかずにもなります。

月齢別レシピ

後期 9〜11か月ごろ

そら豆のやさしい味でほっこり
そら豆のミルクスープ

`たんぱく質` `ビタミン・ミネラル`

材料（2食分）
- そら豆…2さや（5粒程度・20g）
- 玉ねぎ…50g
- 牛乳…100ml
- 水…100ml

アレンジ
多めに作り、フリージングしてもOK。味付けを調整すれば、大人のスープにも。

作り方
1. そら豆はさやから出し、5分ほどゆでる。粗熱がとれたら、皮をむく。
2. 玉ねぎはざく切りし、耐熱容器に入れラップをし、電子レンジで1分加熱する。
3. 鍋に1、2、水を入れ、ハンドブレンダーやミキサーで攪拌し、なめらかにする。
4. 3を弱火で加熱し、沸騰させないようにしながら、あくをとる。牛乳を加えて、鍋のまわりがふつふつする程度まで温める。

具だくさんで食べごたえもある
白菜のミルクスープ

`たんぱく質` `ビタミン・ミネラル`

材料（1食分）
- 白菜…10g
- かぼちゃ…5g
- にんじん…5g
- 玉ねぎ…5g
- ブロッコリー（小房）…5g
- 鶏ささみ缶…15g（汁気含む）
- 育児用ミルク…大さじ2
- 水…大さじ2
- 水溶き片栗粉(p.22)…小さじ1

作り方
1. 白菜、にんじん、玉ねぎ、ブロッコリーは2〜5mm大に切る。汁気を切った鶏ささみはみじん切りにする。
2. かぼちゃは皮と種をとり、3mm角に切る。
3. 鍋に1、2、水を入れて弱火でやわらかくなるまで煮る。
4. ささみ缶の汁、育児用ミルクを加えてひと煮立ちさせる。水溶き片栗粉を加え、とろみがつくまで加熱する。

ごま油の香りが食欲をそそる
じゃがいもとにんじんのきんぴら

`炭水化物` `ビタミン・ミネラル`

材料（1食分）
- じゃがいも…20g
- にんじん…15g
- ごま油…少々
- 醤油…少々
- だし汁(p.26)…大さじ2
- 青のり…適量

作り方
1. 皮をむいて水にさらしてあくを抜いたじゃがいも、にんじんをそれぞれせん切りにする。
2. フライパンにごま油を引き、1を炒める。
3. だし汁、醤油を加えて汁気がなくなるまで炒める。
4. 器に盛りつけ、青のりをふりかける。

副菜

ツナ缶のコクでかぶを食べやすく
かぶのツナ和え

`たんぱく質` `ビタミン・ミネラル`

🌸 材料(1食分)
かぶ…20g
ツナ水煮缶…小さじ1

🌸 作り方
1. かぶは5mm角に切り、やわらかくゆでる。
2. ツナ水煮の汁気を切り、かぶと和える。

作り置きOKのレバーペーストでアレンジ
さつまいものスープ

`炭水化物` `たんぱく質` `ビタミン・ミネラル`

🌸 材料(1食分)
レバーペースト(p.118)…5g
さつまいも…40g
赤パプリカ…10g
コンソメ…1g
水…適量

🌸 作り方
1. さつまいもは皮をむいて乱切りにする。水にさらしてあくを抜き、ゆでる。
2. 鍋に水、さつまいも、レバーペースト、コンソメを入れて煮る。
3. 2に火が通ったら、ハンドブレンダーやミキサーなどでポタージュ状にし、ゆでてみじん切りにしたパプリカをのせる。

さつまいもの自然な甘みがおいしい
スイートポテト

`炭水化物` `たんぱく質`

🌸 材料(3個分)
さつまいも…75g
卵黄…1/2個
炒りごま(飾り用)…少々
砂糖…小さじ1
牛乳…大さじ1と1/2
バター…2.5g

ポイント
ビニール袋に入れて混ぜると、洗いものが減ります。

🌸 作り方
1. さつまいもは皮をむいて乱切りにし、水にさらしてあく抜きをする。やわらかくゆでて、つぶす。
2. ボウルに1、砂糖、牛乳、溶かしたバターを加えて混ぜ、なめらかにする。
3. 2をさつまいもの形に整える。溶いた卵黄を表面に塗る。
4. 180℃のオーブンで8~10分焼き、炒りごまを表面に飾る。

122

| 月齢別レシピ | 9〜11か月ごろ編 |

うちの子の場合、こんな感じで食べてます!

後期 9〜11か月ごろ

先輩ママ717人に聞いた

先輩ママたちに、お子さんと離乳食の様子をアンケート。苦手なものを食べる工夫などをご紹介します。

見た目にかわいい

野菜を型抜きして、子どもが興味をもつように&つかみやすいようにしました。また、細かく切ってカレーやハンバーグに混ぜたりも。食べるときに「野菜も入っているよ」と伝え、食べられたことをほめています。〈埼玉県・30代〉

無理じいしないでゆったりと見守る

キライなときはキライ! 時期や場合によって、食べるものの好みは変わるし、今日食べても明日は食べないことも多いもの。前に食べなかったものも日をおいて出したら、食べるようになりました。〈長野県・30代〉

トマトはりんごと一緒に

トマトが酸っぱくて食べにくそうだったので、りんごのすりおろしに混ぜると、よく食べました。〈岩手県・30代〉

ミルク味に

じゃがいもが苦手でしたが、クリーム煮にしたり、牛乳と混ぜてなめらかにしたりすると、食べてくれるようになりました。〈静岡県・30代〉

とろみをつけてボソボソ感をなくす

そぼろが嫌いで、固まりはバーっと出していました。すりこぎでつぶしとろみをつけ、ボソボソ感がなくなるように工夫しました。〈埼玉県・30代〉

好きなものを見て喜ぶように

好きな食べ物があると、足をバタバタさせて喜びます。その姿がかわいくて、たくさんあげたくなる気持ちを抑えるのに必死です(笑)。〈東京都・30代〉

1歳～1歳6か月ごろの進め方

3回食＋おやつで栄養バランスを

「食べさせてもらう」から「自分で食べる」へと移行する時期。さまざまな食の体験が大切です。

1歳～1歳6か月ごろ(前半)

このころの目安

- ☐ 3回食のリズムが整っている
- ☐ 手づかみして食べている
- ☐ 前歯でかじりとり、奥歯や歯ぐきでつぶして食べている
- ☐ 肉団子程度の硬さのものが食べられる

食べる意欲を大事に3食の食事リズムをつけて

「食べさせてもらう」から「自分で食べる」へと変わる時期。食べる意欲を大事にしながら、**朝・昼・晩と決まった食事時間を定着させましょう**。特に大切なのは朝食。エネルギーも補給され、うんちも出やすくなり、午前中から元気に活動できるように。夜は自然と眠くなり、早寝早起きの習慣もつきやすくなります。ただし一度に食べられる量はそれほど多くないので、**食事の合間に1～2回おやつ（間食）をとり、必要なエネルギーや栄養素を満たします**。ミルクは1歳をすぎたら牛乳に切り替えても。コップで飲む練習をするのもよいですね。前歯が生えそろって奥歯も生えてきますが、かむ力はまだ弱いので、肉団子程度の硬さを目安に。輪切り、いちょう切り、せん切りなどさまざまな形状・大きさを食べさせて、かむ練習をします。

まだ薄味が基本

味付けはまだ薄味が基本です。調味料の量は、大人の1/3～1/2程度に。下記のような食材をふりかけたり、混ぜたりすると風味が増すので、食も進みます。

食材例：青のり、焼きのり、桜えび、かつお節、ごま、きな粉、カレー粉

月齢別レシピ

完了期 1歳〜1歳6か月ごろ

この時期のスケジュール例

3食を決まった時間に、必要に応じて間食をあげましょう。

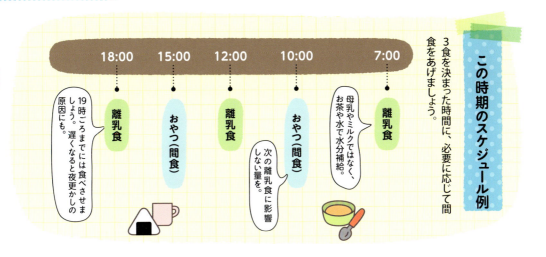

- 7:00 離乳食
- 10:00 おやつ（間食） — 母乳やミルクではなく、お茶や水で水分補給。次の離乳食に影響しない量を。
- 12:00 離乳食
- 15:00 おやつ（間食）
- 18:00 離乳食 — 19時ごろまでには食べさせましょう。遅くなると夜更かしの原因にも。

口の発達に合わせた食べさせ方

食べさせ方

- 姿勢がずり落ちないように調整を。すき間があくようならば、クッションなどをはさんで。
- 床や足置きに足がしっかりとつくように。
- テーブルにひじがのるように、座面を調節。

日本歯科大学教授
Dr.田村文誉のアドバイス
やわらかい食材で、前歯でかじる練習を。スプーンを自分で持って食べるようにもなります。

口の中の動き

**前歯でかじり
奥の歯や歯ぐきでつぶす**

前歯が生えそろい、奥歯も生えてくる時期。前歯でかじりとり、奥の歯や歯ぐきでつぶして食べます。やわらかく煮てスティック状にした野菜や、おにぎり、おやきなど、手づかみできて簡単につぶせるメニューがおすすめ。のどに詰まらせないよう、必ずそばで見てあげてくださいね。

歯磨きをていねいに

前歯が上下に4本ずつ生えてきたら、本格的に歯磨きを。特に歯の裏側に注意しながら、大人が仕上げ用の歯ブラシで磨いてください。前歯の周辺は嫌がる子も多いので、奥歯から磨くのもひとつの方法。まだうがいはできないので歯磨き粉はつけず、歯磨き後に水を飲ませます。

離乳食の次は幼児食

エネルギーや栄養素の大部分を母乳や育児用ミルク以外の食べ物からとれるようになったら、次は幼児食（p.179）へ。徐々に大人の食事に近付けますが、まだ薄味にします。
なお、離乳食が終わっても咀しゃく機能は乳歯が生えそろう3歳ごろに完了するので、それまでは硬さにはまだ配慮が必要です。

1歳～1歳6か月ごろ(後半)

間食で栄養素などを補います。

手づかみしやすいものを積極的に。

親子で楽しく食べて食への意欲を高める

彩りよく盛りつけるなど、見た目にも楽しくおいしく食べられるように工夫します。
また、「あ、自分で食べてるね」「お野菜も食べようとしているね」などとほめてあげると、赤ちゃんは**ママやパパに受け入れられたと感じて自己肯定感が育ち、食への意欲も高まります**。

このころには食べられる食品の種類も増え、量を加減すれば揚げ物や焼き物などもOKに。ただし、脂っこいものは消化器官に負担をかけるので、炒ったパン粉をまぶしたり、ごく少量の油で揚げ焼きしたりなどの工夫をしてください。

一汁二菜の献立が作りやすくなり、栄養バランスも整えやすくなる時期。**多様な食材と味付けで、さまざまな食の体験**ができるとよいですね。大人と同じ見た目のメニューが並ぶと、赤ちゃんも誇らしくうれしい気持ちになることでしょう。

スプーンは「手のひら握り」から

スプーンは握ったときに柄の部分が少し出るくらいの長さのものを。大人と同じように持てるようになるのは3～4歳ごろで、使いはじめのころはまだ手のひら握りです。
大人が一緒に持ったり、見本を示したりするうちに、少しずつ上手になっていきます。

手のひら握り

126

月齢別レシピ

完了期 **1歳～1歳6か月ごろ**

堤先生に聞く 1歳～1歳6か月ごろの気がかりQ&A

Q 食べてくれるメニューにかたよりがち。食べないと思うと出すのも苦痛です

A 同じ食材でも調理法や味付けを変えてみて

嫌いというよりも、その食材を食べ慣れているかどうかが原因のことも。調理法や見た目を工夫すると、食べる機会が増えて、その食べ物に慣れてきます。煮る・焼く・蒸す・炒める・揚げる・和えるなどさまざまな調理法や、醤油・味噌・塩・コンソメ・中華風などさまざまな味付けを試すと、お気に入りが見つかるかもしれません。

「今日は食べてくれるかも」という期待をもって、明るい表情で子どもと向き合ってください。

Q 野菜を食べず、いつも残してしまいます

A 野菜は苦手な子は多い。うま味をプラスして

食べない理由の1つは、トマトなど一部のものを除いて野菜にはアミノ酸系、グルタミン酸系などのうま味成分が入っていないから。うま味成分が入っている肉や魚と一緒に調理したり、だし汁で煮たりして、うま味をプラスしてみましょう。

小さく刻んでハンバーグや卵焼きに入れたり、カレーの具にしたりして慣らすことからはじめてもよいかもしれません。

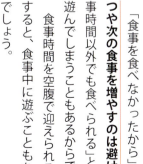

Q 食べている途中で飽きてイスから離れて遊んでしまいます

A イスに戻して「ごちそうさま」を

「食べないから」と勝手に片付けてしまうと、子どもには食事の終了が分かりません。一度イスに戻し、「ごちそうさま」をさせて食事の区切りをつけるようにします。

「食事を食べなかったから」と、**おやつや次の食事を増やすのは避けて**。「食事時間以外でも食べられる」と思って、遊んでしまうこともあるからです。食事時間を空腹で迎えられるようにすると、食事中に遊ぶこともなくなるでしょう。

1歳～1歳6か月ごろ
食材の大きさと分量
（1回あたり）

炭水化物

やわらかめの軟飯から、大人と同じごはんに

1歳前後は軟飯を、慣れてきたら大人と同じごはんにしましょう。また、食パンはトーストしてスティック状に、めんは2～3cmに切ります。

> **ほかの炭水化物食材・目安量**
> 食パン40～50g、またはゆでうどん105～130g、またはいも類40～50g。

例：ごはん

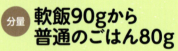

分量 **軟飯90gから普通のごはん80g**

※写真は軟飯80g

献立のポイント

トマト卵ココット(p.146)

小松菜としらすのつぶつぶパスタ(p.134)

キャベツのおひたし(p.147)

大人メニューにひと手間加えても

必要な栄養素等のほとんどを食事からとる時期ですが、大人と同じ食事にするのは早急。大人の味付けはこの時期の子どもには濃く、かむ力も弱いからです。ただし、大人の食事の調理中、薄味の段階で取り分けるのは手間も省けるのでおすすめ。食材を細かくしたり、子ども向けの味付けにしたりなど工夫をしてください。

月齢別レシピ

完了期

1歳〜1歳6か月ごろ

たんぱく質

魚や肉をかじりとる練習をしても

肉や魚、卵はゆでて5mm〜1cm大に切りますが、かたまりで器に盛って前歯でかじりとる練習をさせてもよいでしょう。

ほかのたんぱく質食材・目安量
肉・魚15〜20g、または全卵1/2〜2/3個、または乳製品100g。

例：豆腐（絹ごし）

分量 **50〜55g**
※写真は55g

大きさ 1cm角

ビタミン・ミネラル

ゆでて1cm角。スティック状でも

にんじんなどは、フォークがスッと通る程度のやわらかさにして、1cm角ぐらいに。手づかみ食べのときはスティック状にしたり、大きめに切ったりします。

ほかのビタミン・ミネラル食材・目安量
野菜・果物40〜50g。

例：にんじん

分量 **40〜50g**
※写真は50g

大きさ 1cm角

スティック状

※分量は、1種類だけを使う場合の量です。2種類以上使うときは、それぞれの量を減らして調整してください。

月齢別レシピ

完了期 / 1歳～1歳6か月ごろ

1歳～1歳6か月ごろの おすすめレシピ

1日3回の離乳食で、エネルギーや栄養素のほとんどを摂取。
一度にたくさんは食べられないので、間食(おやつ)で補います。

主食

たんぱく質も野菜もとれる親子丼
なすと鶏肉丼

`炭水化物` `たんぱく質` `ビタミン・ミネラル`

材料(1食分)
- 軟飯(p.24)…50g
- なす…30g
- 鶏ひき肉…10g
- 卵…1/4個
- だし汁(p.26)…100ml
- 醤油…少々
- サラダ油…少々

作り方
1. なすは皮をむき、1cm大に切る。
2. 鍋にサラダ油を引いてなすを炒め、さらに鶏ひき肉を加え炒める。
3. だし汁と醤油を加えたら、卵を溶いてまわしかける。火が通ったら、器に盛った軟飯にかける。

卵

卵

鉄分とカルシウムがとれる
いろどりチャーハン

`炭水化物` `たんぱく質` `ビタミン・ミネラル`

材料(2食分)
- 軟飯(p.24)…80g
- 豚肉…15g
- ほうれん草…15g
- しらす干し…5g
- 卵…1/2個
- 醤油…少々
- ごま油…少々

作り方
1. 豚肉は1cm大に切る。ほうれん草はゆでて水にさらしてあくを抜き、細かく切る。卵は溶き、しらす干しは塩抜きする。
2. フライパンにごま油を熱し、豚肉を炒める。中まで火が通ったら卵を加える。
3. ほうれん草、しらす干し、軟飯を加えて全体を炒めたら、醤油で味を調える。

＼動画はコチラ／

主食

鶏肉をしっとり食べやすく
鶏肉とトマトのリゾット

`炭水化物` `たんぱく質` `ビタミン・ミネラル`

材料（2食分）
- ごはん…80g
- 水…150ml
- 鶏ひき肉…15g
- 玉ねぎ…20g
- にんじん…20g
- ミニトマト…15g(2個目安)
- 塩…1つまみ
- トマトケチャップ…小さじ1
- 溶けるチーズ…20g
- パセリ…少々

作り方
1. 鍋にごはんと水を入れて、やわらかくなるまで煮る。
2. 1に鶏ひき肉を入れて、ほぐしながら火を通す。
3. 玉ねぎ、にんじん、湯むきをして種をとったミニトマトをそれぞれみじん切りにする。
4. 2に3を加え、弱火でやわらかくなるまで煮る。
5. 塩、トマトケチャップ、溶けるチーズを加え、よく混ぜながらひと煮立ちさせる。
6. 器に盛りつけ、刻んだパセリを散らす。

中華風の本格的な味付け
中華味のおじや

`炭水化物` `たんぱく質` `ビタミン・ミネラル`

材料（1食分）
- ごはん…60g
- 豆腐(絹ごし)…15g
- なす…10g
- ピーマン…5g
- ベーコン…10g
- ごま油…小さじ1/2
- トマトケチャップ…小さじ1/2
- 顆粒中華だし…1g
- 水…50ml

作り方
1. なす、ピーマン、ベーコンを細かく刻む。
2. フライパンにごま油を熱し、1を5分炒める。
3. 鍋に顆粒中華だし、水を入れて加熱する。ごはんを加えてふたをし、ごはんがやわらかくなるまで煮る。
4. 3にゆでて水切りした豆腐を加えてつぶす。さらに2を加えて、トマトケチャップで味を調える。

鶏のうま味に夢中になりそう
鶏の中華丼

`炭水化物` `たんぱく質` `ビタミン・ミネラル`

材料（1食分）
- 軟飯(p.24)…80g
- 鶏もも肉…20g
- 白菜…10g
- ブロッコリー…10g
- にんじん…5g
- だし汁(p.26)…80ml
- ごま油…少々
- 醤油…少々
- 水溶き片栗粉(p.22)…適量

作り方
1. 鶏もも肉とブロッコリーは1cm大に切る。白菜はせん切り、にんじんは小さめのいちょう切りにする。
2. フライパンにごま油を引き、鶏もも肉を炒める。色が変わったら、1を加える。
3. だし汁を加え、全体に火が通ったら、醤油、水溶き片栗粉を入れ、とろみがつくまで加熱する。
4. 器に盛った軟飯に3をかける。

月齢別レシピ

完了期 / 1歳〜1歳6か月ごろ

マヨネーズのコクでパクパク食べちゃう
じゃがいものマヨネーズおやき

`炭水化物` `たんぱく質` `ビタミン・ミネラル`

材料（2食分）
- じゃがいも…80g
- ブロッコリー(小房)…10g
- にんじん…10g
- 溶けるチーズ…10g
- マヨネーズ…小さじ2

作り方
1. じゃがいもは皮をむいて水にさらしてあくを抜き、ゆでてつぶす。
2. ブロッコリーは5mm大に刻み、にんじんはみじん切りにしてゆでる。
3. ボウルに1、2、溶けるチーズ、マヨネーズを入れよく混ぜる。食べやすい大きさに形を整える。
4. フライパンで両面をこんがりと焼く。

ポイント
マヨネーズが入っているので、油がなくても焼けます。フライパンにオーブン用シートを敷いて焼いても。

青のりとチーズが香ばしい
のりじゃこトースト

`炭水化物` `たんぱく質` `ビタミン・ミネラル`

材料（1食分）
- 食パン(8枚切り)…2/3枚
- しらす干し…10g
- 溶けるチーズ…10g
- 青のり…1g
- バター…2g

作り方
1. 食パンは耳をとり、バターを塗る。
2. 塩抜きしたしらす干しと青のりを混ぜて、1にのせる。
3. 2に溶けるチーズをのせ、トースターでこんがりと焼き、食べやすい大きさに切る。

食パンを生地に
食パンでピザ

`炭水化物` `たんぱく質` `ビタミン・ミネラル`

材料（1食分）
- 食パン(8枚切り)…1枚
- 玉ねぎ…10g
- ピーマン…10g
- 赤パプリカ…10g
- ツナ水煮缶…10g
- トマトケチャップ…適量
- 溶けるチーズ…適量

ポイント
フチが壁となり、具材がこぼれ落ちません。食べやすく切って与えてください。

作り方
1. コップなどで食パンを丸くくり抜く。くり抜いたパンのフチを1cm残してスプーンで押して、型を作る。
2. 玉ねぎ、ピーマン、赤パプリカを粗みじん切りにして耐熱容器に入れ、ふんわりとラップをして電子レンジで40秒〜1分ほど、中まで加熱する。
3. 1にトマトケチャップを塗り、2と汁気を切ったツナ水煮、さらに溶けるチーズをのせる。
4. トースターでチーズが溶けるまで焼く。

主食

鮭をピザ風のトーストに
サーモンピザ

`炭水化物` `たんぱく質` `ビタミン・ミネラル`

材料（1食分）
- 食パン(8枚切り)…2/3枚
- 鮭(生)…7g
- ほうれん草(葉先)…3g
- トマトケチャップ…小さじ1
- 溶けるチーズ…10g

作り方
1. 鮭はゆでて皮と骨をとり、フォークで粗くほぐす。
2. ほうれん草はゆでて水にさらしてあくを抜き、1cm四方に刻む。
3. 食パンは耳をとってトマトケチャップを薄く塗り、1と2をのせる。
4. 3に溶けるチーズをのせて、トースターでチーズが溶けるまで焼く。

スープの素を使って簡単パンケーキ
コーンパンケーキ

`炭水化物` `たんぱく質`

材料（7枚分）
- ホットケーキミックス…30g
- コーンスープの素(ベビーフード)…1袋(3.6g)
- 牛乳…50ml
- サラダ油…少々

作り方
1. ホットケーキミックスとコーンスープの素を混ぜる。
2. 1に牛乳を入れ、よく混ぜる。
3. フライパンにサラダ油を薄く引き、食べやすい大きさにした2を弱火で中に火が通るまで焼く。

アレンジ
多めに作ってフリージングもOK。粉チーズを混ぜると、香ばしく仕上がります。

細かくしたパスタで食べやすく
小松菜としらすのつぶつぶパスタ

`炭水化物` `たんぱく質` `ビタミン・ミネラル`

材料（1食分）
- スパゲッティ(乾麺)…25g
- 小松菜…20g
- しらす干し…5g
- 粉チーズ…小さじ1/2

作り方
1. スパゲッティを2〜3cmに折ってからゆでる。
2. しらす干しを塩抜きし、粗く刻む。
3. 小松菜をゆでて1cm四方に刻む。
4. すべての材料を混ぜ合わせる。

134

月齢別レシピ

完了期　1歳〜1歳6か月ごろ

キャベツの甘みがおいしい
ふわふわキャベツのお好み焼き

`炭水化物` `たんぱく質` `ビタミン・ミネラル`

❁ 材料（9枚分）
- 小麦粉…40g
- 水…25g
- 卵…1個
- 豆腐（絹ごし）…40g
- キャベツ…20g
- にんじん…10g
- 青のり…少々
- 粉チーズ…小さじ1/2
- サラダ油…少々

❁ 作り方
1. キャベツ、にんじんはみじん切りに。耐熱容器に入れてラップをし、電子レンジで30秒加熱する。
2. 豆腐はゆでて水を切り、くずす。
3. ボウルにサラダ油以外の材料をすべて入れ、よく混ぜ合わせる。
4. サラダ油を引いたフライパンに生地を流し入れ、中に火が通るまで弱火で両面を焼く。

ねばねばの納豆をおやきにして食べやすく
納豆と野菜のおやき

`炭水化物` `たんぱく質` `ビタミン・ミネラル`

❁ 材料（スティック状6本分）
- にんじん…8g
- ほうれん草（葉先）…10g
- ひきわり納豆…15g
- 小麦粉…20g
- 水…大さじ2
- 醤油…少々
- ごま油…小さじ1

❁ 作り方
1. にんじんは粗いみじん切りにし、耐熱容器に入れラップをし、電子レンジで15秒加熱する。ほうれん草はゆでて水にさらしてあくを抜き、1cmほどに刻む。
2. ボウルにごま油以外の材料をすべて入れ、よく混ぜる。
3. フライパンにごま油を引き、2を流し入れて両面をじっくり焼く。
4. スティック状に切り分ける。

じゃがいもでもっちりとした食感に
モチモチおやき

`炭水化物` `たんぱく質`

❁ 材料（1食分）
- 豆腐（絹ごし）…50g
- そら豆…10g
- じゃがいも…10g
- 片栗粉…大さじ1
- 粉チーズ…小さじ1
- サラダ油…少々

ポイント
そら豆はつぶさずに5mm角に切り、歯ごたえを残しても。

❁ 作り方
1. そら豆はゆでて薄皮をむき、すりつぶす。じゃがいもは皮をむいて水にさらしてあく抜きをし、ゆでてつぶす。
2. ゆでて水を切った豆腐をなめらかにつぶし、1とよく混ぜ合わせる。
3. 2に片栗粉と粉チーズを加え、さらに混ぜる。
4. フライパンに薄くサラダ油を引き、3を食べやすい大きさにスプーンで落として、中に火が通るまで両面を焼く。

135

主菜

カレー風味でさばもパクパク
骨まで食べるさばカレー

`たんぱく質` `ビタミン・ミネラル`

材料（1食分）
- さば水煮缶…15g
- 玉ねぎ…40g
- にんじん…10g
- カレー粉…小さじ1/2
- 塩麹…小さじ1/2
- サラダ油…少々

アレンジ
ごはんにかけたり、混ぜたりするのもおすすめ。塩麹は塩少々で代用できます。

作り方
1. 玉ねぎ、にんじんはみじん切りにする。サラダ油を引いたフライパンに入れ、ふたをして蒸し炒めにする。
2. 1に汁気を切ってほぐしたさば水煮を加えて炒める。ふたをして、全体がやわらかくなるまで蒸し煮にする。
3. 2を加熱しながらカレー粉、塩麹を加え、味を調える。

ふわふわの鶏団子にニッコリ
冬瓜と鶏団子のスープ

ポイント
鶏ガラスープの素は無添加のものを使うと、より安心です。

`たんぱく質` `ビタミン・ミネラル`

材料（2食分）
- 冬瓜…40g
- 玉ねぎ…10g
- 鶏ひき肉…20g
- 豆腐（絹ごし）…50g
- A │ 鶏ガラスープの素…適量
  │ 水…200ml
- ブロッコリー（穂先）…お好み
- 醤油…少々

作り方
1. 鍋にAを入れて温める。
2. 鶏ひき肉にみじん切りにした玉ねぎを加え、よく混ぜる。
3. 冬瓜、ゆでた豆腐を1cm大に切る。
4. 2をスプーンで食べやすい大きさにして1に落とし入れる。
5. 冬瓜も加えて煮込み、やわらかくなったら豆腐を加える。醤油で味を調え、ゆでてみじん切りしたブロッコリーを入れたら、ひと煮立ちさせる。

生クリームでコクをプラス
里いものトマト風味グラタン

`炭水化物` `たんぱく質` `ビタミン・ミネラル`

乳製品

材料（1食分）
- 里いも…20g
- にんじん…10g
- 生クリーム…大さじ1/2
- 牛乳…大さじ1/2
- トマトケチャップ…大さじ1/4
- 溶けるチーズ…3g

アレンジ
野菜はお好みのものに変えてもOK。鶏肉などを入れると、食べ応えがアップします。

作り方
1. 里いも、にんじんは1cm大に切り、やわらかくゆでる。
2. 生クリーム、牛乳、トマトケチャップを混ぜ合わせておく。
3. 耐熱容器に1と2を入れ、溶けるチーズをのせる。
4. トースターでチーズに焼き色がつくまで焼く。

136

月齢別レシピ

完了期　1歳～1歳6か月ごろ

ホワイトソースの代わりにコーンクリームを使って
豆腐のコーングラタン

`たんぱく質` `ビタミン・ミネラル`

材料（1食分）
- 豆腐（絹ごし）…20g
- コーンクリーム缶…15g
- 育児用ミルク…小さじ1
- 溶けるチーズ…3g
- ほうれん草（葉先）…2g

作り方
1. 豆腐はゆでて1cm角に切る。
2. コーンクリームは裏ごしをしてなめらかにし、育児用ミルクと混ぜ合わせる。
3. ほうれん草をゆでて水にさらしてあくを抜き、みじん切りにする。
4. 耐熱容器に1を入れ、2をかけて、溶けるチーズをのせる。
5. トースターでチーズが溶けるまで5分程度焼く。
6. 5の上に3をのせる。

牛乳とチーズをホワイトソース代わりに
鮭とブロッコリーのマカロニグラタン

`炭水化物` `たんぱく質` `ビタミン・ミネラル`

材料（3食分）
- 鮭（生）…40g
- ブロッコリー（小房）…15g
- マカロニ…10g
- 牛乳…大さじ3
- 溶けるチーズ…7g
- パン粉…少々

ポイント
サラダ用マカロニは小さいので、ゆで時間も短縮。

作り方
1. 鮭はゆでて骨と皮をとり、1cm大にほぐす。ブロッコリーは、ゆでて1cm大に切る。
2. マカロニはやわらかくゆでる。
3. ココット皿に1と2を入れて、牛乳と溶けるチーズをかける。表面にパン粉をのせて、200℃のオーブンで8～10分焼く。

あざやかな黄色が食卓を明るく
にんじんメインのハンバーグ

`たんぱく質` `ビタミン・ミネラル`

材料（4個分）
- 鶏ひき肉（むね）…60g
- にんじん…40g
- 卵黄…1個
- 醤油…少々

作り方
1. にんじんをすりおろす。
2. ボウルにすべての食材を混ぜ合わせ、4個に分ける。
3. 耐熱容器にラップを敷いて、2を1個分ずつ入れる。電子レンジで、1個につき30～40秒加熱する。
4. 竹串などをさして、中まで火が通っているか確認する。

鶏とさつまいもペーストを重ねて
鶏とさつまいもの重ね焼き

`炭水化物` `たんぱく質` `ビタミン・ミネラル`

材料（1食分）
- 鶏ひき肉…15g
- 玉ねぎ…20g
- さつまいも…40g
- 牛乳…小さじ1
- 粉チーズ…少々
- サラダ油…少々

作り方
1. さつまいもは皮をむいて水にさらしてあくを抜き、ゆでてつぶす。牛乳を加えて混ぜる。
2. 玉ねぎはみじん切りにする。
3. フライパンにサラダ油を熱し、鶏ひき肉を炒める。色が変わったら玉ねぎを加え、火が通るまで炒める。
4. ココット皿に3を入れ、1をのせる。
5. 粉チーズをかけて、180℃のオーブンで8～10分ほど、焼き色がつくまで焼く。

蒸し焼きでささみがしっとり
鶏肉ののり風味ピカタ

`炭水化物` `たんぱく質` `ビタミン・ミネラル`

材料（10個分）
- 鶏ささみ…3本
- 小麦粉…大さじ1
- 卵…1/2個
- 青のり…大さじ1
- 粉チーズ…大さじ1
- サラダ油…適量

ポイント
パサつきやすいささみや魚は、ふたをして蒸し焼きにすると、しっとりやわらかに。

作り方
1. 鶏ささみは筋をとり、5mm大に切る。
2. 卵、青のり、粉チーズ、ごく少量のサラダ油を混ぜておく。
3. 1に小麦粉をまぶす。
4. フライパンにサラダ油を熱し、3を2にくぐらせて焼く。
5. 焼き色がついたら裏返し、ふたをして火が通るまで蒸し焼きにする。

ごま油が香る中華風メニュー
なすと豚肉の炒めもの

`たんぱく質` `ビタミン・ミネラル`

材料（1食分）
- 豚ひき肉…15g
- なす…40g
- にんじん…10g
- ごま油…少々
- 塩…少々

作り方
1. なすは皮をむいて1cm角に切り、ラップで包んで電子レンジで1分加熱する。
2. にんじんは薄いいちょう切りにし、耐熱容器に入れ、水少々をかけ、ラップをして電子レンジで30秒加熱する。
3. フライパンにごま油を熱して豚ひき肉を炒め、火が通ったら1、2を加えて炒め、塩で味を調える。

月齢別レシピ

完了期 1歳〜1歳6か月ごろ

下処理でレバーの臭みをとる
レバーinハンバーグ

ポイント レバーは臭みがあるので、流水でよく洗ったり、牛乳に浸したりして下処理を。

たんぱく質 / ビタミン・ミネラル

材料（2食分）
- 鶏レバー…20g
- 鶏むねひき肉…10g
- 豆腐（絹ごし）…5g
- 玉ねぎ…5g
- にんじん…5g
- 片栗粉…小さじ1/2
- カレー粉…適量
- 醤油…数滴
- 牛乳（レバーの臭み消し）…適量
- サラダ油…少々

作り方
1. 玉ねぎ、にんじんはみじん切りにし、水少々をかけ、ふんわりとラップをして、電子レンジで30秒加熱する。豆腐はゆでて水切りをする。
2. 鶏レバーは水で洗い、筋や血管などをとってそぎ切りに。牛乳に10分程度浸し、臭みをとったら流水で洗い、5cm角に刻む。
3. サラダ油以外のすべての材料を、よく混ぜる。
4. サラダ油を引いたフライパンを熱し、形を整えた3を中に火が通るまで両面焼く。

手づかみしやすいスティック状の餃子
ぱくぱく棒餃子

炭水化物 / たんぱく質 / ビタミン・ミネラル

材料（20個分）
- 豚ひき肉…100g
- キャベツ…50g
- にんじん…30g
- 塩…1つまみ
- 餃子の皮…20枚
- 醤油…小さじ1
- ごま油…小さじ1
- サラダ油…少々

ポイント

巻き終わりの皮に水をつけてとめ、その部分を下にして焼きます。

作り方
1. キャベツをみじん切りにして、塩を入れる。水気はよくしぼる。にんじんは、みじん切りにする。
2. ボウルに1、豚ひき肉を入れ、醤油とごま油を加えてよく混ぜ合わせる。
3. 餃子の皮に2をのせて細長く巻き、サラダ油を引いたフライパンで、両面を中に火が通るまで焼く。

卵の黄色いソースが目にも鮮やか
レバーバーグ卵野菜ソース

たんぱく質 / ビタミン・ミネラル

材料（2食分）
- 鶏レバー…20g
- カリフラワー…10g
- えのきだけ…10g
- 卵黄…1個
- 水…50ml
- 塩…少々
- 牛乳（レバーの臭み消し）…100ml

作り方
1. 鶏レバーは小さく切り、牛乳と一緒に鍋に入れて弱火で10分ほどゆでて取り出す。
2. えのきだけ、カリフラワーを5mm大に切る。根元部分はより細かく刻む。
3. 鶏レバーをすりつぶし、なめらかにして、ハンバーグの形に整えて器に盛る。
4. 鍋に水、2を入れてやわらかくなるまで弱火で煮込み、塩で味を調える。卵黄を溶いてまわし入れ、火が通ったら3に添える。

主菜

とろみがついて食べやすい
豆腐の豚肉あんかけ

`たんぱく質` `ビタミン・ミネラル`

❁ 材料(1食分)
- 豆腐(絹ごし)…20g
- 豚肉(薄切り)…15g
- 小松菜…15g
- 赤パプリカ…3g
- 黄パプリカ…3g
- だし汁(p.26)…100ml
- 醤油…小さじ1
- 水溶き片栗粉(p.22)…少々

❁ 作り方
1. 豆腐は3等分に切る。耐熱容器に入れてラップをし、電子レンジで30秒加熱して水を切る。
2. 豚肉はゆでて、1cm幅に切る。
3. 小松菜はゆでて5mm〜1cm四方に、パプリカは5mm角に切る。
4. 鍋にだし汁、2、3を入れて煮る。醤油、水溶き片栗粉を入れてとろみがつくまで加熱する。
5. 1を器に盛り、4をかける。

白菜で巻き巻き
ロール白菜

`炭水化物` `たんぱく質` `ビタミン・ミネラル`

❁ 材料(1食分)
- 白菜(葉先)…10g
- 肉ダネ
  - 鶏ひき肉…15g
  - 豆腐(絹ごし)…5g
  - 玉ねぎ…5g
  - 卵…5g
  - パン粉…3.5g
- だし汁(p.26)…適量
- 薄口醤油…少々
- 水溶き片栗粉(p.22)…少々

❁ 作り方
1. 白菜とみじん切りした玉ねぎは、それぞれやわらかくゆでる。豆腐はゆでて水切りする。
2. ボウルに豆腐、玉ねぎと残りの肉ダネを入れてよく混ぜる。
3. 白菜で2を包み、巻き終わりを爪楊枝でとめる。かぶるぐらいのだし汁、醤油とともに鍋に入れて煮る。
4. 火が通ったら水溶き片栗粉を加え、とろみがつくまで加熱する。

ポイント 肉ダネの分量は、白菜の大きさで調整します。爪楊枝を外し、小さく切って食べて。

豆腐と野菜、魚までもを一度にとれる
鮭のけんちん蒸し

`たんぱく質` `ビタミン・ミネラル`

❁ 材料(2食分)
- 鮭(生)…20g
- 豆腐(木綿)…50g
- いんげん…10g
- にんじん…10g
- しいたけ…10g

❁ 作り方
1. 鮭は骨と皮をとり、5mmほどに刻む。いんげん、にんじん、しいたけは、ゆでて5mmほどに刻む。
2. 豆腐はゆでて水切りをする。
3. ボウルで1、2をよく混ぜ合わせ、ココット皿に入れる。
4. 蒸し器に入れて、中に火が通るまで強火で10分ほど蒸す。

ポイント 蒸し器がなくてもOK。フライパンにココット皿の1/3の高さまで水を張り、沸騰したらココット皿を入れてふたをして蒸します。

月齢別レシピ

完了期

1歳〜1歳6か月ごろ

味噌を使って簡単蒸し料理
鮭と豆腐の味噌蒸し

`たんぱく質` `ビタミン・ミネラル`

材料（1食分）
- 鮭(生)…10g
- 豆腐(木綿)…25g
- キャベツ…15g
- いんげん…適量
- 味噌…少々
- だし汁(p.26)…大さじ1

アレンジ
ほぐして食べて。しっかりと味付けすれば、大人のおかずにも。

作り方
1. 豆腐はゆでて水切りをし、4等分に切る。
2. 鮭は骨と皮をとって半分に、いんげんは斜め薄切りに、キャベツは5mm〜1cm四方に切る。
3. 味噌とだし汁を合わせておく。
4. アルミホイルに **1** と **2** をのせ、**3** をかけて、上を閉じる。
5. 蒸し器に入れて、中に火が通るまで強火で10分ほど蒸す。

マカロニとじゃがいもでボリュームアップ
鮭とポテトの豆乳グラタン

（小麦粉・乳製品）

`炭水化物` `たんぱく質`

材料（1食分）
- 鮭(生)…15g
- じゃがいも…20g
- マカロニ…5g
- 豆乳…大さじ1と小さじ2
- パン粉…小さじ1
- 粉チーズ…少々

ポイント
オーブンやトースターがない場合は、魚焼き用グリルで。火力が強いので、しっかりと焼けます。

作り方
1. 鮭はゆでて骨と皮をとり、1cm大に。じゃがいもは皮をむき水にさらしてあくを抜き、ゆでてつぶす。マカロニはゆでて粗みじん切りに。
2. ココット皿にじゃがいも、鮭、マカロニの順に重ねていく。
3. **2** に豆乳を注ぎ、パン粉をふりかけ、粉チーズをのせる。
4. パン粉に焼き色がつくまで、トースターで5〜10分焼く。

粗めにおろした大根でかむレッスン
鮭のおろし煮

`たんぱく質` `ビタミン・ミネラル`

材料（2食分）
- 鮭(生)…40g
- 大根…50g
- だし汁(p.26)…50ml
- 青のり…適量
- 塩…少々

作り方
1. 鮭を水でさっと洗い、両面に塩をふる。
2. 鍋にだし汁、粗めにおろした大根を入れて、煮立たせる。
3. 鮭を加えてさらに煮る。
4. 中まで火が通ったら鮭を取り出して皮や骨をとり、粗くほぐして器に盛りつける。鍋の煮汁をかけ、青のりをふる。

141

パサつく魚をピカタで食べやすく
まぐろのピカタ

`たんぱく質` `ビタミン・ミネラル`

✿ 材料(2食分)
- まぐろ…20g
- キャベツ…20g
- にんじん…5g
- ブロッコリー(小房)…5g
- 卵…1/3個
- 砂糖、醤油、水…各少々
- 小麦粉…少々
- 粉チーズ…少々
- サラダ油…少々

✿ 作り方
1. まぐろは3等分に切る。砂糖、醤油、水を合わせた漬け汁に5分ほど漬ける。
2. 卵を溶き、粉チーズを混ぜ合わせる。
3. 1の汁気を拭きとって小麦粉をまぶし、2にくぐらせる。フライパンを熱してサラダ油を引き、両面を火が通るまで焼く。
4. 耐熱容器にキャベツ、にんじん、ブロッコリーを入れ、ラップをかけて電子レンジで1分半加熱する。1cm大に切る。
5. 器に4を盛りつけ、3をのせる。

大根おろしでまぐろがしっとり
まぐろのみぞれ煮

`たんぱく質` `ビタミン・ミネラル`

✿ 材料(1食分)
- まぐろ…20g
- 大根…30g
- 小松菜…15g
- 塩…少々
- 小麦粉…少々
- だし汁(p.26)…40〜50ml
- 醤油、砂糖…各小さじ3/4
- サラダ油…少々

✿ 作り方
1. まぐろはひと口大に切って塩をふり、小麦粉をまぶす。フライパンにサラダ油を熱し、両面を焼く。
2. 大根はおろしておく。小松菜はゆでて、1cm四方に切る。
3. 鍋にだし汁、醤油、砂糖を合わせ、1を加えて5分ほど煮る。大根おろしを加えて、さらに煮る。
4. 小松菜を敷いた器に3を盛りつける。

マヨネーズとチーズのコクで食欲を刺激
ほうれん草のキッシュ

`たんぱく質` `ビタミン・ミネラル`

✿ 材料(1食分)
- ほうれん草…30g
- 玉ねぎ…20g
- ベーコン…1/6枚
- 卵…1/2個
- 牛乳…大さじ1と1/2
- マヨネーズ…小さじ1/2
- 溶けるチーズ…適量
- バター…小さじ1/2

✿ 作り方
1. ゆでて水にさらしてあくを抜いたほうれん草とベーコンを、細かく刻む。玉ねぎは2〜3mmに切る。
2. フライパンにバターを入れて熱し、1を炒める。
3. 卵と牛乳、マヨネーズを混ぜ合わせ、2を加える。
4. 耐熱容器に3を流し入れ、溶けるチーズをかけて中に火が通るまでトースターで10分ほど焼く。

月齢別レシピ

完了期　1歳〜1歳6か月ごろ

ケチャップとチーズをかけて焼くだけ
かじきのチーズ焼き

`たんぱく質`

材料（2食分）
- かじき…40g
- 溶けるチーズ…10g
- トマトケチャップ…少々

作り方
1. かじきは水気をとり、180℃のオーブンで5分ほど焼く。
2. 火が通ったら、トマトケチャップ、溶けるチーズをのせて、再びオーブンでチーズが溶けるまで焼く。

パサつきがちな魚もチーズでしっとり
鯛のプチホイル焼き

`たんぱく質` `ビタミン・ミネラル`

材料（1食分）
- 鯛（生）…20g
- トマト…10g
- 溶けるチーズ…5g
- バター…少々

作り方
1. アルミホイルにバターを薄く塗り、骨と皮をとった鯛をのせる。
2. 湯むきして種をとり、角切りにしたトマトと溶けるチーズを1にのせて、上を閉じる。
3. トースターで鯛に火が通るまで焼く。

さば缶を使って簡単お手軽に
さばと豆腐のハンバーグ

`たんぱく質`

材料（2食分）
- さば水煮缶…10g
- 豆腐（絹ごし）…20g
- 鶏ひき肉…5g
- 卵…5g
- 味噌…少々
- 片栗粉…少々
- サラダ油…少々

作り方
1. 豆腐はゆでて水切りをする。さば水煮は汁気を切る。
2. サラダ油以外の材料すべてをボウルに入れて、よく混ぜ合わせる。
3. 2の形を整え、サラダ油を引いたフライパンで中に火が通るまで、両面をしっかり焼く。

143

主菜

片栗粉を入れてもっちり食感に
魚のもっちり焼きつくね

`たんぱく質` `ビタミン・ミネラル`

❀ 材料（2個分）
白身魚（鯛やカレイなどで骨なしのもの）
　…40g
ほうれん草…10g
マヨネーズ…小さじ1弱
片栗粉…少々
サラダ油…少々

❀ 作り方
1 ゆでた白身魚を1cmほどにほぐす。
2 ほうれん草はゆでて水にさらしてあくを抜き、細かく刻む。
3 ボウルに1、2、マヨネーズを入れてよく混ぜ、片栗粉を加えて食べやすい形に整える。
4 フライパンにサラダ油を引く。3の両面に焼き色がつき、中に火が通るまで焼く。

アレンジ
にんじんを入れると、彩りアップ。まとめて作ってフリージングもOK。

高野豆腐にうま味がしみこむ
高野豆腐とにんじんの含め煮

`たんぱく質` `ビタミン・ミネラル`

❀ 材料（2食分）
高野豆腐（水で戻したもの）…15g
ツナ水煮缶…35g
にんじん…10g
だし汁（p.26）…100ml
醤油…少々
みりん…少々

❀ 作り方
1 高野豆腐を1cm角に切る。にんじんはいちょう切りにする。
2 鍋にだし汁、醤油、みりんを入れて加熱する。
3 沸騰したら弱火にし、にんじんを入れやわらかくなったら、高野豆腐を入れる。
4 味がしみこんだら、汁気を切ったツナ水煮を入れて、ひと煮立ちさせる。

すりおろしたにんじんがほんのり香る
にんじん豆腐のふんわり卵

`たんぱく質` `ビタミン・ミネラル`

❀ 材料（4食分）
にんじん…20g
豆腐（絹ごし）…100g
卵…1個
醤油…少々
水…少々

❀ 作り方
1 豆腐はゆでて水切りをする。にんじんはすりおろす。
2 鍋に豆腐を崩しながら入れ、にんじん、醤油、水を入れて、弱火で煮る。
3 味が全体になじんできたら、卵を溶いて流し入れ、しっかり火を通す。

ポイント
多く作ってフリージングOK。醤油を足せば、大人のおかずにも。

月齢別レシピ

完了期　1歳～1歳6か月ごろ

ホワイトソースでなくてもとろ〜り
ほうれん草のグラタン

`炭水化物` `たんぱく質` `ビタミン・ミネラル`

材料（1食分）
- ほうれん草…40g
- 豆腐（木綿）…20g
- 豆乳…大さじ2と小さじ2
- 米粉…小さじ1
- 溶けるチーズ…5g

アレンジ
豆乳の代わりに牛乳、米粉の代わりに小麦粉を使っても、おいしく作れます。

作り方
1. ほうれん草はゆでて水にさらしてあくを抜き、1cm四方に。豆腐はゆでて水を切り、1cm大に。
2. 鍋に米粉、豆乳を入れて、よく混ぜながら加熱する。
3. とろみが出てきたら、1を加えてからめる。
4. 耐熱容器に3を流し入れて、溶けるチーズをかけ、トースターでチーズが溶けるまで焼く。

たんぱく質がたっぷりとれる
大豆つくね

`たんぱく質` `ビタミン・ミネラル`

材料（10個分）
- 鶏むねひき肉…80g
- 水煮大豆…50g
- しらす干し…10g
- 玉ねぎ…50g
- れんこん…50g
- 粉チーズ…3g
- 青のり…2g
- 片栗粉…5g
- バター…5g

作り方
1. 水煮大豆、塩抜きしたしらす干し、玉ねぎ、れんこんをみじん切りにする。玉ねぎとれんこんは耐熱容器に入れ、電子レンジで1分加熱する。
2. ボウルにバター以外の材料すべてを入れて混ぜ合わせ、食べやすい形に整える。
3. フライパンにバターを溶かし、2の両面を中に火が通るまでしっかりと焼く。

トースターでお手軽に
かぼちゃのチーズ焼き

`たんぱく質` `ビタミン・ミネラル`

材料（1食分）
- かぼちゃ…30g
- 溶けるチーズ…5g
- トマトケチャップ…小さじ1/2

作り方
1. かぼちゃはゆでて皮と種をとり、1cm角に切る。
2. 耐熱容器にかぼちゃ、トマトケチャップ、溶けるチーズの順で重ね、トースターでチーズが溶けるまで焼く。

副菜　主菜

具材はお好みでOK
茶碗蒸し

`たんぱく質` `ビタミン・ミネラル`

ポイント
手まり麩の代わりに、焼き麩を使ってもOK。食べやすい大きさにしてあげて。

材料（2〜3個分）
- 鶏ささみ…30g
- 手まり麩…6個
- ほうれん草…10g
- にんじん…10g
- 卵…1/2個
- だし汁(p.26)…75ml
- 塩…1g
- 醤油…1ml

作り方
1. 手まり麩は水に浸して戻す。鶏ささみとゆでてあくを抜いたほうれん草は、5mm〜1cm大に切る。
2. 卵を溶きほぐし、だし汁、塩、醤油を加えて混ぜ、ざるでこす。
3. 耐熱容器に1を入れ、2を流し入れふたをする。
4. 鍋に耐熱容器の高さ1/3くらいの水を張って沸騰させ、3の器を入れて加熱する。
5. 卵液が固まるまで10分ほど加熱し、飾り用に切ってやわらかく煮たにんじんをのせる。

混ぜて焼くだけだから簡単
トマト卵ココット

`たんぱく質` `ビタミン・ミネラル`

材料（1食分）
- トマト…10g
- 卵…1/2個
- 牛乳…小さじ1
- 粉チーズ…小さじ1/2
- サラダ油…少々

ポイント

アルミホイルをしっかりかけると、卵がふんわり。

作り方
1. トマトは湯むきをして種をとり、5mm角に切る。
2. ボウルにサラダ油以外のすべての材料を入れて、混ぜ合わせる。
3. ココット皿にサラダ油を薄く引き、2を流し入れる。
4. アルミホイルをココット皿にかぶせて、卵に火が通るまでトースターで7分ほど焼く。

豆腐のつぶし方で食感をアレンジ
豆腐炒り卵

`たんぱく質`

材料（3〜4食分）
- 卵…1個
- 豆腐（絹ごし）…80g
- 醤油…適量
- 青のり…少々

ポイント

豆腐はヘラでつぶしながら水気をとばします。豆腐のつぶし具合によって食感が変わります。

作り方
1. 豆腐はゆでて水気を切る。
2. フライパンに豆腐を入れ、ヘラでつぶしながら強火で水気をとばす。とばしきれない水分は、ペーパータオルでふきとる。
3. 醤油をまわし入れたら、卵を溶いてまわし入れてしっかり加熱し、豆腐となじませる。
4. 3を器に盛り、青のりをちらす。

月齢別レシピ

完了期　1歳〜1歳6か月ごろ

ふわふわもちもち食感のお団子
はんぺん団子

`たんぱく質` `ビタミン・ミネラル`

材料（1食分）
- キャベツ…10g
- にんじん…10g
- しらす干し…5g
- はんぺん…50g
- 小麦粉…小さじ1
- だし汁(p.26)…大さじ1
- サラダ油…少々

作り方
1. キャベツとにんじんは、みじん切りにしてゆでる。しらす干しは塩抜きをしておく。
2. 熱湯をまわしかけて塩抜きしたはんぺん、小麦粉、だし汁をビニール袋に入れて、もんで混ぜる。1も加えてさらに混ぜ、食べやすい大きさに形を整える。
3. フライパンにサラダ油を引き、両面に焼き色をつけ、中まで火を通す。

副菜

見た目も鮮やかでかわいい
かぼちゃの茶巾かぶらあん

`ビタミン・ミネラル`

材料（2食分）
- かぼちゃ…80g
- かぶ…40g
- いんげん…1/2本
- だし汁(p.26)…50ml
- 塩…0.5g
- 醤油…少々
- 水溶き片栗粉(p.22)…適量

作り方
1. かぼちゃはゆでて皮と種をとってつぶし、ラップに包み茶巾にする。
2. いんげんはゆでて薄く斜め切り。かぶはすりおろす。
3. 鍋にだし汁、塩、醤油、かぶを入れて、火が通ったら水溶き片栗粉を入れてとろみがつくまで加熱する。
4. 1を器に盛りつけ、3をかけ、いんげんを飾る。

ポイント

ラップで包んで、きゅっとねじって茶巾にします。

シンプルな味付けでいただく
キャベツのおひたし

`ビタミン・ミネラル`

材料（1食分）
- キャベツ…15g
- かつお節…少々
- 醤油…少々

作り方
1. キャベツは1cm四方に切って、ゆでる。
2. 1と醤油を和え、細かくしたかつお節をのせる。

アレンジ
春キャベツを使うと、より甘みがアップします。

147

副菜

コロコロとした野菜は食べごたえ十分
大豆と野菜の煮物

`炭水化物` `たんぱく質` `ビタミン・ミネラル`

材料（1食分）
- さつまいも…30g
- にんじん…30g
- 水煮大豆…大さじ1
- だし汁（昆布・p.26）…50ml

作り方
1. さつまいもは皮をむいて水にさらし、あくを抜く。にんじんとともに1cm角に切る。
2. 鍋にだし汁、1を入れて煮る。やわらかくなったら水煮大豆を入れ、ひと煮立ちさせる。

アレンジ
さつまいもの代わりにじゃがいもでもOK。

緑黄色野菜をコクのあるチーズで和えて
ブロッコリーとパン粉のチーズ和え

`炭水化物` `ビタミン・ミネラル`

材料（1食分）
- ブロッコリー（穂先）…10g
- にんじん…5g
- パン粉…2g
- 粉チーズ…少々
- だし汁（p.26）…80ml

作り方
1. ブロッコリーとにんじんを、みじん切りにする。
2. 鍋にだし汁を入れ、1を加えてやわらかく煮る。
3. パン粉を加えてひと煮立ちさせたら、粉チーズを入れる。

あっさりとした白菜とチーズが好相性
白菜のチーズ和え

`たんぱく質` `ビタミン・ミネラル`

材料（1食分）
- 白菜…20g
- ヨーグルト（無糖）…小さじ1
- 粉チーズ…小さじ1/2

作り方
1. 白菜はせん切りにしてゆで、水気を切る。
2. 白菜をヨーグルト、粉チーズで和える。

月齢別レシピ

完了期　1歳～1歳6か月ごろ

サラダでたんぱく質も摂取
マカロニタルタルサラダ

`炭水化物` `たんぱく質` `ビタミン・ミネラル`

材料（1食分）
- マカロニ…5g
- ブロッコリー（穂先）…5g
- コーン缶…5g
- 卵…1/2個
- マヨネーズ…小さじ1
- 塩…少々

作り方
1. マカロニとブロッコリーをそれぞれゆでて、1cmほどに切る。
2. 卵はゆでてみじん切りにし、マヨネーズと塩で和える。
3. 2とマカロニを混ぜて器に盛り、ブロッコリーとコーンをのせる。

（小麦粉）（卵）

見た目もかわいいミニトマトのおかず
ミニトマトのオーブン焼き

`炭水化物` `たんぱく質` `ビタミン・ミネラル`

材料（1食分）
- ミニトマト…2個
- じゃがいも…15g
- ツナ水煮缶…5g
- オクラ…少量
- バター（無塩）…適量
- 溶けるチーズ…適量

作り方
1. ミニトマトは湯むきをして種をとり、さらに半分に切る。
2. じゃがいもはあく抜きをしてからゆでてつぶし、汁気を切ったツナ水煮とバターを加えて混ぜる。
3. アルミカップに1を敷き、2を詰めて、溶けるチーズをのせる。トースターでチーズが溶けるまで焼き、ゆでて薄切りにしたオクラをのせる。

（乳製品）

さつまいもとりんごのやさしい甘さ
アップルポテトチーズ

`炭水化物` `たんぱく質` `ビタミン・ミネラル`

材料（1食分）
- さつまいも…25g
- りんご…25g
- カッテージチーズ…15g

作り方
1. さつまいもは皮をむき、水にさらしてあく抜きをして1cm大に。りんごは1cm角に切る。
2. 鍋でさつまいもをゆで、やわらかくなったらりんごを加える。
3. りんごもやわらかくなったら水気を切り、カッテージチーズを混ぜる。

（乳製品）

副菜

枝豆のやさしい風味でほっこり
枝豆のポタージュ
`ビタミン・ミネラル`

🍴 **材料（2食分）**
- 枝豆(さやから出した状態)…20g
- 玉ねぎ…20g
- 育児用ミルク(お湯で溶く)…80ml
- 水溶き片栗粉(p.22)…小さじ1

🍴 **作り方**
1. 枝豆はゆでて薄皮をむき、裏ごす。
2. 玉ねぎは細かく刻み、耐熱容器に入れてラップをかけ、電子レンジで30秒加熱する。
3. 1、2を合わせてミキサーで攪拌する。育児用ミルクを入れ、よく混ぜ合わせる。
4. 鍋に3を入れて温める。水溶き片栗粉を入れ、とろみがつくまで加熱する。

具材たっぷりで彩りも豊か
トマトの具だくさんスープ
`炭水化物` `たんぱく質` `ビタミン・ミネラル`

🍴 **材料（1食分）**
- トマト…15g
- キャベツ…7g
- 玉ねぎ…7g
- じゃがいも…7g
- オクラ…1/4本
- 鶏肉…7g
- 野菜スープ(p.27)…100ml
- 醤油…少々

🍴 **作り方**
1. 湯むきをして種をとったトマト、キャベツ、玉ねぎ、あく抜きをしたじゃがいもは5mm大に。鶏肉はみじん切りにする。
2. オクラはゆでて薄切りにする。
3. 鍋に野菜スープを入れて温め、1を加えて煮る。
4. 具材がやわらかくなったら、醤油で味を調える。器に盛りつけ、オクラを飾る。

素材の甘みがほんのり
かぼちゃとレーズンのおやき
`たんぱく質` `ビタミン・ミネラル`

🍴 **材料（1食分）**
- かぼちゃ…40g
- レーズン…3g(5粒程度)
- 牛乳…小さじ1
- バター…小さじ1/2

🍴 **作り方**
1. かぼちゃは皮と種をとって、ゆでる。レーズンはお湯で戻し、5mmほどに刻む。
2. かぼちゃに牛乳を入れてつぶす。レーズンを加えて混ぜ、食べやすい大きさに形を整える。
3. フライパンにバターを熱し、2の両面を焼き色がつくまで焼く。

月齢別レシピ

うちの子の場合、こんな感じで食べてます！

1歳〜1歳6か月ごろ編

完了期 1歳〜1歳6か月ごろ

先輩ママ717人に聞いた

先輩ママたちに、お子さんと離乳食の様子をアンケート。苦手なものを食べる工夫などをご紹介します。

お米よりおかずが好き
とにかくおかずが好きで、味付きでない白いごはんを嫌がります。そこで、ごはんも好きになるように炊き込みごはん、のり多めのおにぎり、お味噌汁に混ぜるなど、工夫しながらあげています。〈大阪府・30代〉

みんなと一緒なら食も進む？
家では食が進まないのですが、親戚やお友達と一緒ならよく食べてくれます。大勢で食べるのが楽しくて、張り切っちゃうのかな？ 家でもたくさん食べるようになってくれるといいなと思います。〈東京都・40代〉

手づかみで
なかなか食べなかったものも、手づかみで食べられるよう、つくねの具にしてみると、おいしそうに食べました。〈兵庫県・30代〉

収穫して好きに
トマトが苦手でしたが、家庭菜園で収穫してから興味をもち、食べられるようになりました。〈大阪府・30代〉

環境を変えてみる
我が家は主人の両親と敷地内同居。一緒に食事をすることも多いです。そんなときに一緒に作ったり、「おばあちゃんが作ったんだよ」と言ったりすると、よく食べてくれました。「食事作りや食べる環境に変化をもたせることも大事なのね」と思いました。〈長野県・30代〉

パンケーキに混ぜる
パンケーキに、細かく刻んだミックスベジタブルを混ぜて焼き、上からヨーグルトをかけると、よく食べていました。〈栃木県・30代〉

好きなものに混ぜる
ピーマンや玉ねぎはカレーに入れたり、葉物野菜は餃子に入れたりしました。好きなメニューに混ぜると、よく食べました。〈宮城県・30代〉

※本書内のアンケートは、ベビーカレンダーがユーザーに対し2018年12月に行ったものです（調査件数717件）。

1歳〜1歳6か月ごろ

3回の食事を補う役目

おやつレシピ

食事のリズムが大人と同じ朝昼晩になってきたら、
合間におやつ（間食）をプラスします。
エネルギーや栄養素を補うため、バランスも意識します。

足りない栄養素やエネルギーをおやつで満たして

たっちやあんよなどで、運動量が増えてくる1歳児。体は小さくても、多くのエネルギーや栄養素が必要になります。とはいえ消化器官は未発達で、1回に食べられる量も少ないことから、3回の食事だけでは必要量はなかなか満たせません。

そこで、**おやつ（間食）を食事の一部と考え、エネルギーや栄養素、水分などを補給**しましょう。少食の子どもには4回目の食事として軽食の形となるよう穀類、いも類などに、牛乳、卵、チーズなどのたんぱく質の多い食品、野菜、果物などでバランスよく整えます。

おやつ（間食）のポイント

あげるタイミングは？

1回目のおやつは朝食と昼食の合間の10時ぐらい、2回目は昼食と夕食の間の15時ぐらいがおすすめです。食事に響かないよう、時間と量には配慮を。お昼寝や外出でタイミングがずれてしまったら、おやつをやめて食事時間を早めたり、食事量を多めにしたりして調整してください。

☐ 果物にはビタミンやミネラルのほか、食物繊維も含まれているので◎。ただし果糖も多いので、食べすぎには注意を。

☐ おにぎりやサンドイッチは、手軽にとれるエネルギー源としておやつに適しています。

☐ カルシウムや鉄といった栄養素も不足しがちなので、積極的に取り入れましょう。牛乳、チーズ、ヨーグルト、小魚、卵、納豆などがおすすめです。

☐ 水分補給には麦茶や水など甘くないものを。牛乳はカルシウムを含んでいますが飲みすぎに注意。

完了期 1歳～1歳6か月ごろ

ポテトのおやき

炭水化物 / たんぱく質 / ビタミン・ミネラル

材料（1食分）
- じゃがいも…20g
- キャベツ…10g
- プロセスチーズ…10g
- 牛乳…小さじ2
- 小麦粉…小さじ1
- 醤油…少々
- サラダ油…少々

作り方
1. じゃがいもは皮をむいて水にさらしてあくを抜き、すりおろす。キャベツはみじん切りにしてゆでる。プロセスチーズは3mm角に切る。
2. ボウルにサラダ油以外の材料を入れて、よく混ぜ合わせる。
3. フライパンにサラダ油を入れて熱し、生地を食べやすい大きさに落とし入れ、中に火が通るまで両面を焼く。

にんじんパンケーキ クレープ風

炭水化物 / たんぱく質 / ビタミン・ミネラル

材料（2食分）
- ホットケーキミックス…30g
- にんじん…20g
- 卵…1個
- 牛乳…100ml
- バター…適量

作り方
1. にんじんはすりおろす。
2. ボウルにバター以外の材料を入れて、混ぜ合わせる。
3. フライパンにバターを入れて熱し、生地を流し入れ両面を中に火が通るまで焼く。食べやすい大きさに切る。

きな粉入り蒸しパン

炭水化物 / たんぱく質

材料（6個分：アルミカップ）
- 卵…1個
- 小麦粉…50g
- きな粉…8g
- 砂糖…大さじ1
- ベーキングパウダー…小さじ1/3

作り方
1. ボウルに卵を溶いたら残りの材料をすべて入れ、よく混ぜ合わせる。
2. アルミカップの7分目くらいまで生地を流し入れる。
3. フライパンに2をおいて、お湯を深さ1cmくらいまで入れ、ふたをして10分ほど中に火が通るまで蒸す（蒸し器を使ってもOK）。竹串をさして何もつかなければ完成。

手づかみ豆腐パンケーキ

炭水化物 / たんぱく質

材料（5食分）
- 豆腐（絹ごし）…80g
- 豆乳…50ml
- 卵…1個
- きな粉…20g
- 小麦粉…20g
- ベーキングパウダー…小さじ1
- バター…5g

作り方
1. ボウルにゆでて水を切った豆腐、豆乳、卵を入れてよく混ぜる。
2. 1に小麦粉、きな粉、ベーキングパウダーをふるいにかけながら入れ、混ぜ合わせる。
3. フライパンにバターを入れて熱し、生地を食べやすい大きさに流し入れる。ふたをして中に火が通るまで両面を焼く。

フレンチトースト

炭水化物 / たんぱく質

材料(1食分)
- 食パン(8枚切り)…1/3枚
- 溶き卵…大さじ1
- 牛乳…大さじ1
- 粉砂糖…少々
- バター…少々

作り方
1. 食パンは耳をとって、食べやすい大きさに切る。
2. ボウルに溶き卵、牛乳を入れて混ぜ、食パンを浸す。
3. フライパンにバターを入れて熱し、2に火が通るまで両面を焼く。
4. 器に盛りつけ、粉砂糖をふりかける。

にんじん蒸しパン

炭水化物 / たんぱく質 / ビタミン・ミネラル

動画はコチラ

材料(1食分:直径6×高さ4cmのココット皿)
- にんじん…10g
- ホットケーキミックス…15g
- 溶き卵…小さじ1
- 砂糖…小さじ1
- バター…小さじ1/2
- 牛乳…小さじ1

作り方
1. にんじんはみじん切りにする。バターは耐熱容器に入れて電子レンジで加熱し、溶かしておく。
2. ボウルにホットケーキミックス、砂糖を入れて混ぜる。1、溶き卵、牛乳を入れてよく混ぜ合わせる。
3. オーブン用ペーパーを敷いた(またはマフィンカップをおいた)ココット皿に生地を流し入れる。
4. フライパンに3をおき、お湯を深さ1cmくらいまで入れて、ふたをして弱火で中に火が通るまで蒸す。ふくらんで竹串をさして何もつかなければ完成。

米粉チヂミ

炭水化物 / たんぱく質 / ビタミン・ミネラル

材料(1食分)
- 玉ねぎ…10g
- にんじん…5g
- ニラ…5g
- しらす干し…5g
- 米粉…大さじ1
- 水…大さじ1
- 醤油…少々
- サラダ油…適量
- たれ(お好みで)
  - 醤油…小さじ1
  - 砂糖…小さじ1/2
  - 酢…小さじ1/4

作り方
1. 玉ねぎとにんじんはせん切り。ニラは1cm幅に切る。
2. たれを耐熱容器に入れて混ぜ、電子レンジで10秒加熱する。
3. ボウルに1、塩抜きしたしらす干し、米粉、水、醤油を入れて混ぜる。
4. フライパンに薄くサラダ油を引き、3を流し入れて中に火が通るまで両面を焼く。
5. 食べやすい大きさに切り、お好みで2を添える。

かぼちゃサラダのサンドイッチ

炭水化物 / たんぱく質 / ビタミン・ミネラル

材料(2食分)
- 食パン(サンドイッチ用)…1枚
- ツナ水煮缶…10g
- かぼちゃ…20g
- マヨネーズ…小さじ1/2

作り方
1. かぼちゃはやわらかくゆで、皮と種をとってつぶす。
2. ボウルにかぼちゃ、汁気を切ったツナ水煮、マヨネーズを入れてよく混ぜ合わせる。
3. 食パンにはさみ、食べやすい大きさに切る。

完了期 1歳〜1歳6か月ごろ

さつまいも茶巾

炭水化物 / たんぱく質 / ビタミン・ミネラル

材料（2食分）
- さつまいも…60g
- レーズン…3g
- 牛乳…大さじ1
- 砂糖…小さじ1

作り方
1. さつまいもは皮をむき、乱切りにして水にさらしてあく抜きをし、やわらかくゆでる。
2. レーズンはぬるま湯に浸して戻し、5mmほどに刻む。
3. ボウルでさつまいもをつぶす。牛乳、砂糖を加えて混ぜ、4等分にする。
4. ラップの中央に2をおいて3をのせ、しぼって茶巾にする。

アレンジ
さつまいもをかぼちゃに変えてもおすすめ。

ミニおにぎり

炭水化物 / たんぱく質

材料（1食分）
- ごはん…40g
- しらす干し…3g
- プロセスチーズ…5g
- かつお節…0.5g
- 醤油…少々
- 白ごま…小さじ1/5

作り方
1. しらす干しは塩抜きをする。プロセスチーズは細かく刻む。
2. ボウルに食材をすべて入れて混ぜ、ひと口サイズのおにぎりにする。

大学いも風

炭水化物 / たんぱく質

材料（2食分）
- さつまいも…60g
- バター（無塩）…10g
- 水…大さじ2
- 砂糖…大さじ1
- 醤油…小さじ1/2
- 黒いりごま…小さじ1/2

作り方
1. さつまいもは皮をむいて長さ5cmのスティック状に切り、水にさらしてあくを抜く。水気を切ってラップでふんわり包み、電子レンジでやわらかくなるまで70秒ほど加熱する（ゆでても）。
2. フライパンにバター、1、水を入れてふたをし、蒸し焼きにする。
3. まわりがふつふつとしてきたらふたをとり、砂糖、醤油を入れて混ぜる。照りが出てきたら黒いりごまをふる。

五平もち 味噌だれ

炭水化物 / たんぱく質

材料（1食分）
- 軟飯（p.24）…40g
- すりごま…小さじ1/2
- たれ
  - 味噌…小さじ1
  - 砂糖…小さじ1/2
  - みりん…小さじ1/2

作り方
1. 軟飯にすりごまを混ぜ、軟飯の粒が少し残る程度にすりつぶす。
2. 1を3等分し、小判型にする。
3. たれを耐熱容器に入れ、電子レンジで10秒加熱し、よく混ぜる。これを2〜3回くり返す。
4. フライパンにオーブン用シートを敷き、2を焼く。焼き色がつかない程度に表面を焼く。
5. 器に盛りつけ、片面に3を塗る。

アレンジ
醤油と砂糖を各小さじ1、片栗粉小さじ1/3、水大さじ1を混ぜて加熱すると、醤油だれに。

おやつ（間食）編

うちの子の場合、こんな感じで食べてます！

先輩ママ717人に聞いた

先輩ママたちに、離乳食時期の様子をアンケート。
簡単に作れて、お子さんに好評だったおやつをご紹介します。

パンケーキ＆蒸しパン

パンケーキや蒸しパンを作るとき市販のホットケーキミックスを利用しました。にんじんやかぼちゃ、緑色の野菜を混ぜると彩りもきれいでよく食べました。また、できあがりにヨーグルトをかけたり、フルーツをのせたりしてアレンジしても喜びます。〈大阪府・30代〉

さつまいも

スティック状に切ってゆでたさつまいもは、それだけでおやつに。手づかみ食べもしやすかったです。〈愛知県・40代〉

手作りラスク

お麩と粉ミルクで、よくラスクをつくりました。持ちやすさと食感が気に入ったようです。〈静岡県・30代〉

手作りボーロ

片栗粉や卵黄、さつまいも、牛乳など常備している食材を組み合わせば、ボーロが作れます。材料を混ぜて丸め、焼くだけ！ いろいろな大きさのものを作り、大きさ比べをしながら一緒に食べる時間が楽しかったです。〈山形県・30代〉

おやき

野菜を入れたおやきを小判形などの食べやすい形にして焼きました。中に入れる野菜をアレンジすると飽きないです。〈福岡県・30代〉

サンドイッチ

かぼちゃのサンドイッチは、味が好みなことはもちろん、食べ応えもあるようで、よく食べました。〈山梨県・30代〉

プリン

牛乳を飲むことはあまり好きではないのですが、牛乳入りプリンは別。すごく喜んで食べます。〈宮城県・30代〉

※先輩ママのコメントは、ベビーカレンダーがユーザーに対し2018年12月に行ったアンケートからの抜粋です（調査件数717件）。

Part 3

毎回作るのは大変!だから…

時短!
フリージング
レシピ

毎回作るのは大変ですが、
時間があるときにまとめて調理して冷凍しておき、
使う分だけ解凍・加熱すれば便利です。
心にも体にも余裕が生まれ、赤ちゃんとも、
さらに笑顔でゆったりと向き合えることでしょう。

フリージングのススメ

まとめて調理して冷凍し使う分だけ解凍

授乳、お風呂、寝かしつけなど、赤ちゃんのお世話は忙しいもの。「栄養バランスのとれたおいしい離乳食を食べさせたい」と思うけれども、「時間が足りるかしら」と心配になる方も多いのでは？

そんなときにおすすめしたいのが、「フリージング（冷凍）」です。よく使うメニューをまとめて調理し、小分け冷凍しておきましょう。使いたいときに必要な分だけを解凍・加熱すればよいので便利。大人の負担もグッと軽くなるはずです。

フリージングのポイントや、あると便利なグッズ、おすすめレシピなどをご紹介します。

まとめて調理→小分けして冷凍→使う分だけ解凍。フリージング（冷凍）で気持ちもカラダもグンとラクに、おいしいメニューが作れます。

フリージング6つのポイント

1 冷凍前に加熱調理

食パンなど一部の例外もありますが、食材やメニューは「煮る」「ゆでる」など加熱調理をしてから冷凍します。新鮮なうちに調理するようにします。

2 使う分だけ小分けする

野菜ならばゆでて切って1食分ずつ、おやきならば食べやすい形状にして1つずつなど、1回分で使う・食べる量を小分けにして冷凍すると便利です。

3 冷ましてから

加熱調理した食材やメニューは、しっかり冷ましてから冷凍庫へ。熱いまま冷凍すると、庫内の温度が上がってほかの食材が傷む原因になります。

4 再冷凍は×

一度解凍した食材を再び冷凍したり、冷蔵庫で保存したりするのはNG。解凍分は必ず使い切ります。「朝ごはんの残りを昼ごはんにまわそう」ということも避けてください。

5 保存期限は1週間

冷凍後も、少しずつ劣化は進むので、冷凍した食材やメニューは、1週間を目安に使い切ります。容器や袋に中身と調理日を記入しておくと、使い忘れを防げます。

6 使うときは必ず再加熱

ただ解凍するのではなく、電子レンジや鍋を使って十分に再加熱を行います。柔らかさを調節するために、少量の水を加えて加熱しても。

フリージングレシピ

フリージングに便利なグッズ

小分けにできるものや、耐冷・耐熱性の両方を備えたものを。
冷凍庫からそのままレンジ加熱できると便利です。

小分け容器

おかゆや野菜、液体など、食材を選ばずに保存できます。耐冷・耐熱性のある容器ならば、冷凍庫から出してそのままレンジへ。

製氷皿

だしやスープなどの液体は、大さじ1ずつなど量をはかってから製氷皿で冷凍。ふたつき容器を使うと、より衛生的です。

ラップ

液体でなければ、何でも包めます。なるべく空気が入らないよう隙間なく包み、においが移らないように。

シリコンカップ

耐冷・耐熱性に優れ、冷凍→レンジ加熱がそのままOK。タッパーなどの密閉容器にカップごと入れると便利。

密閉保存袋

ペースト状のものやおかゆは、空気を抜きながら平らにならして入れて。1食分ずつ筋をつけ、必要分だけ折って使います。

動画はコチラ

レンジ解凍で失敗しない
4つのポイント

フリージング食材や料理を安心しておいしく食べるには、2つの注意点が。
1つはp.158で説明した冷凍方法、もう1つは解凍方法にあります。
凍った状態で電子レンジへ。ワット数によって加熱時間が異なるので注意!

1

加熱前のラップはふんわり

ラップをピタッとかけて加熱すると破裂してしまうことがあるので、ふんわりかけて空気の通り道を作ります。ふたを使うときは、少しずらして。

2

加熱後に混ぜる

機種・ワット数・食材の量などによっては、冷たいままの部分が残ることも。加熱後に混ぜてムラをなくし、全体が熱々になるまで再加熱します。

3

加熱後のラップはピッタリ

ラップは加熱前にふんわりかけ、加熱後にピッタリつけて蒸らすと、水分が蒸発せずやわらかく仕上がります。そのまま人肌ぐらいに冷まします。

4

水を足す

量が少ない離乳食は、加熱したときに食材の水分が蒸発してしまいがち。水を少し加えてから加熱すると、しっとりとやわらかく仕上がります。

その他のポイント

- おかゆと野菜などを混ぜて1品にする場合は、耐熱容器に入れて一緒に加熱します。中まで加熱できているか確認して。
- 電子レンジのワット数は、本書では600Wを基準としています。500Wの場合は1.2倍、700Wの場合は0.8倍を目安に調節してください。
- 最初は10秒程度加熱して、様子を見てください。加熱しすぎると、飛び散ってしまったり、硬くなったりすることもあります。

フリージングレシピ

ママやパパも大助かり
フリージングレシピ

時期別のフリージングレシピを紹介します。
おかゆやうどんに混ぜるとおいしいメニューも、たくさんあります。

冷凍方法
1食分ずつ小分けにして冷凍保存を。水分の少ないものは、密閉袋にが便利。空気を抜き、1食分ずつ区切り線をつけて、平らな状態で冷凍します。
1週間程度で使い切るように心がけます。
また、とろみづけは解凍後、加熱するときに行います。

炭水化物　ビタミン・ミネラル

炭水化物　たんぱく質

5〜6か月ごろ

かぼちゃがゆ

🌸 材料（4食分）
米…20g
水…200ml
かぼちゃ…40g

🌸 作り方
1. 米は洗って鍋に入れ、水を加えて浸しておく（夏は30分、冬は1時間が目安）。
2. かぼちゃは皮と種をとり、小さく切る。
3. 1に2を加えてふたをして、強火にかける。強火で加熱し、煮立ったら弱火にして30分ほど煮る。
4. 火を止めて、ふたをしたまま10分蒸らす。
5. 4をすりつぶし、重湯（おかゆの上ずみ液）でのばしながらなめらかにする。
6. 粗熱がとれたら冷凍容器に入れ、冷凍する。

5〜6か月ごろ

しらすがゆ

🌸 材料（4食分）
米…20g
水…200ml
しらす干し…20g

🌸 作り方
1. 米は洗って鍋に入れ、水を加えて浸しておく（夏は30分、冬は1時間が目安）。
2. 1にふたをして強火で加熱し、煮立ってきたら弱火にして30分ほど煮る。
3. 火を止めて、ふたをしたまま10分蒸らす。
4. 3をすりつぶし、重湯（おかゆの上ずみ液）でのばしながらなめらかにする。
5. しらす干しは塩抜き（p.35）をし、重湯でのばしながらすりつぶし、4に混ぜる。
6. 粗熱がとれたら冷凍容器に入れ、冷凍する。

豆腐かぼちゃ 5〜6か月ごろ

`たんぱく質` `ビタミン・ミネラル`

材料（4食分）
- かぼちゃ…40g
- 豆腐（絹ごし）…40g
- だし汁(p.26)…100ml

作り方
1. 鍋にだし汁、皮と種をとったかぼちゃ、ゆでて水を切った豆腐を入れ、かぼちゃがやわらかくなるまで煮る。
2. お湯を足しながら、1をなめらかにすりつぶす。
3. 粗熱がとれたら冷凍容器に入れ、冷凍する。

白身魚とにんじん 5〜6か月ごろ

`たんぱく質` `ビタミン・ミネラル`

材料（4食分）
- 鯛（刺身用）…20g
- にんじん…10g

作り方
1. にんじんは小さく切り、やわらかくゆでてなめらかにすりつぶす。
2. 鯛はゆで、ゆで汁を足しながらなめらかにすりつぶす。
3. 粗熱がとれたら鯛とにんじんをそれぞれ冷凍容器に入れ、冷凍する。

ポイント 別々に冷凍しますが、食べるときは一緒に盛りつけて。

トマトソース 7〜8か月ごろ

`たんぱく質` `ビタミン・ミネラル`

材料（4食分）
- 鶏ひき肉…40g
- 玉ねぎ…40g
- にんじん…40g
- トマト…20g
- 水…100ml

作り方
1. 玉ねぎ、にんじん、湯むき(p.39)して種をとったトマトを2〜3mm大に切る。
2. 鍋に水、玉ねぎ、にんじんを入れて加熱する。沸騰したら鶏ひき肉、トマトを加えて火が通るまで煮る。
3. 粗熱がとれたら冷凍容器に入れ、冷凍する。

玉ねぎのポタージュ 5〜6か月ごろ

`ビタミン・ミネラル`

材料（4食分）
- 玉ねぎ…40g
- 野菜スープ(p.27)…大さじ2

作り方
1. 玉ねぎはみじん切りにし、野菜スープでやわらかくゆでる。
2. 1をザルでこして玉ねぎとスープとに分ける。玉ねぎはなめらかになるまですりつぶす。
3. 粗熱がとれたら冷凍容器にスープとすりつぶした玉ねぎを分けて入れ、冷凍する。食べるときは、混ぜて加熱を。

フリージングレシピ

鮭のチャンチャン煮 （7〜8か月ごろ）

材料（4食分）
- 鮭(生)…40g
- 玉ねぎ…40g
- にんじん…40g
- キャベツ…20g
- 味噌…小さじ1/4
- だし汁(p.26)…100ml

作り方
1. 玉ねぎ、にんじん、キャベツはみじん切りにする。
2. 鍋にだし汁、玉ねぎ、にんじんを入れ、やわらかくなるまでゆでる。鮭、キャベツを加え、火が通るまで煮たら鮭の骨と皮をとってほぐし、味噌を入れる。
3. 粗熱がとれたら冷凍容器に入れ、冷凍する。

クリームシチュー （7〜8か月ごろ）小麦粉

材料（4食分）
- 鶏ひき肉…10g
- 玉ねぎ…40g
- にんじん…40g
- 小松菜(葉先)…20g
- 牛乳…100ml
- 小麦粉…少々

作り方
1. 玉ねぎ、にんじん、小松菜は2〜3mm大に切る。
2. 鍋に鶏ひき肉、玉ねぎ、にんじん、牛乳を入れ、肉に火が通り、野菜がやわらかくなるまで煮たら、小松菜を入れ加熱する。
3. 小麦粉をふりかけて混ぜながら加熱し、ひと煮立ちさせる。
4. 粗熱がとれたら冷凍容器に入れ、冷凍する。

かぼちゃのそぼろ煮 （7〜8か月ごろ）

材料（4食分）
- 鶏ひき肉…40g
- かぼちゃ…60g
- 玉ねぎ…20g
- ブロッコリー(穂先)…20g
- だし汁(p.26)…100ml

作り方
1. 皮と種をとったかぼちゃと玉ねぎを、2〜3mm大に切る。
2. 鍋にだし汁、1を入れ、やわらかく煮る。
3. 鶏ひき肉、2〜3mm大に切ったブロッコリーを加え、火が通るまで煮る。
4. 粗熱がとれたら冷凍容器に入れ、冷凍する。

肉じゃが （7〜8か月ごろ）

材料（4食分）
- 鶏ひき肉…40g
- じゃがいも…50g
- 玉ねぎ…40g
- にんじん…20g
- だし汁(p.26)…100ml

作り方
1. 皮をむいて水にさらしてあくを抜いたじゃがいも、玉ねぎ、にんじんを2〜3mm大に切る。
2. 鍋に鶏ひき肉、だし汁、1を入れて、野菜がやわらかくなるまで煮る。
3. 粗熱がとれたら冷凍容器に入れ、冷凍する。

白身魚のグリーンソース （9〜11か月ごろ）

たんぱく質 ／ ビタミン・ミネラル

材料（4食分）
- ほうれん草（葉先）…80g
- 玉ねぎ…20g
- 白身魚（タラや鯛など・刺身用）…80g
- だし汁（かつお・p.26）…100ml

作り方
1. ほうれん草はゆでて水にさらしてあくを抜き、玉ねぎはやわらかくゆで、各5mm大に刻む。
2. 鍋にだし汁、1を入れてひと煮立ちさせる。
3. 白身魚をゆで、火が通ったら骨と皮をとり、5mmほどにほぐす。
4. 粗熱がとれたら2は冷凍容器に、3は密閉袋にそれぞれ入れ、冷凍する。

ポイント
別々に冷凍しますが、食べるときは解凍したものを混ぜてから。

長いものおやき （9〜11か月ごろ）

小麦粉

炭水化物 ／ ビタミン・ミネラル

材料（4食分）
- 長いも…80g
- キャベツ…10g
- ねぎ（長ねぎなど白い部分）…5g
- 塩…少々
- 小麦粉…小さじ2
- サラダ油…少々
- しょうが汁…少々

作り方
1. 長いもは小さく切ってゆで、粗くつぶす。
2. キャベツ、ねぎはゆでて水気を切り、みじん切りにする。
3. 1に2、塩、小麦粉、しょうが汁を加えて混ぜ、4等分にして形を整える。
4. フライパンに薄くサラダ油を引いて3を焼き、ほんのり焼き色をつける。粗熱がとれたら密閉袋に入れ、冷凍する。

揚げないかぼちゃコロッケ （9〜11か月ごろ）

小麦粉

炭水化物 ／ たんぱく質 ／ ビタミン・ミネラル

材料（4食分）
- かぼちゃ…80g
- 玉ねぎ…10g
- にんじん…10g
- ツナ水煮缶…10g
- 片栗粉…小さじ1
- パン粉…大さじ3

作り方
1. かぼちゃは皮と種をとってゆで、フォークなどでつぶす。
2. 玉ねぎ、にんじんはみじん切りにし、ゆでる。
3. ボウルに1、2、汁気を切ったツナ水煮、片栗粉を入れて混ぜ、形を整える。
4. フライパンでパン粉を炒り、ほんのり焼き色をつける。
5. 3のまわりに4をつける。粗熱がとれたら密閉袋に入れ、冷凍する。

ほうれん草の磯辺和え （9〜11か月ごろ）

ビタミン・ミネラル

材料（4食分）
- ほうれん草（葉先）…80g
- 焼きのり…少々
- だし汁（かつお・p.26）…小さじ2

作り方
1. ほうれん草はゆでて水にさらしてあくを抜き、5mm四方に切る。
2. 焼きのりを小さくちぎり、1、だし汁と和える。
3. 冷凍容器に入れ、冷凍する。

164

フリージングレシピ

9〜11か月ごろ
かぼちゃのしらす入りおやき

たんぱく質 ビタミン・ミネラル

材料（4食分）
- かぼちゃ…80g
- しらす干し…10g
- 片栗粉…小さじ2
- サラダ油…少々

作り方
1. かぼちゃは皮と種をとってゆで、フォークなどでつぶす。
2. しらす干しは塩抜き（p.35）をし、細かく刻む。
3. ボウルに 1、2、片栗粉を入れて混ぜ合わせ、8等分にして形を整える。
4. サラダ油を引いたフライパンで、3 を中に火が通るまで焼く。
5. 粗熱がとれたら密閉袋に入れ、冷凍する。

9〜11か月ごろ
ベジタラ

たんぱく質 ビタミン・ミネラル

材料（5食分）
- タラ（生）…60g
- トマト…80g
- にんじん…10g
- なす…30g
- ピーマン…20g
- だし汁（かつお・p.26）…200ml
- 塩…少々

作り方
1. 湯むき（p.39）をして種をとったトマト、にんじん、なす、ピーマン、骨と皮をとったタラを5mm大に切る。
2. 鍋にだし汁、1、塩を入れて火が通るまで煮る。
3. 粗熱がとれたら冷凍容器に入れ、冷凍する。

乳製品

9〜11か月ごろ
白身魚のポワレ野菜のスープ仕立て

たんぱく質 ビタミン・ミネラル

材料（4食分）
- 白身魚（タラや鯛など・刺身用）…60g
- かぶ…20g
- にんじん…20g
- バター…1g
- サラダ油…少々
- 水…適量

作り方
1. かぶとにんじんは5mm角に切り、鍋に水を入れてやわらかくゆでる（かぶは崩れやすいので、途中から入れる）。
2. 白身魚は骨と皮をとり、サラダ油を引いたフライパンで焼く。
3. 1 の鍋にバターを溶かし、2 を入れて白身魚に火が通るまで沸騰させずに煮る。
4. 粗熱がとれたら、冷凍容器に入れて冷凍する。

小麦粉

9〜11か月ごろ
かぼちゃのニョッキ トマトソース

炭水化物 ビタミン・ミネラル

材料（5食分）
- かぼちゃ…80g
- 小麦粉…30g
- 塩…少々
- トマト…60g
- トマトピューレ…大さじ2

作り方
1. かぼちゃはゆでて皮と種をとり、裏ごしをする。小麦粉、塩と混ぜる。
2. 打ち粉（分量外）をした台で 1 を直径1cmの棒状にし、食べやすい大きさに切り分ける。フォークで押して筋を入れる。
3. トマトは湯むき（p.39）をして種をとり、5mm大に切る。
4. 鍋にトマト、トマトピューレを入れて煮詰め、粗熱をとる。
5. 2 と 4 をそれぞれ別の冷凍容器に入れ、冷凍する。

※ニョッキはゆでる前の状態で冷凍し、食べるときに熱湯で浮いてくるまでゆでる。

165

スティックお好み焼き
（1歳〜1歳6か月ごろ）

炭水化物 / たんぱく質 / ビタミン・ミネラル

材料（4食分）
- 豚肉…25g
- 卵…1/2個
- しらす干し…5g
- キャベツ…30g
- ほうれん草…10g
- 赤パプリカ…10g
- コーン缶…10g
- 小麦粉…大さじ4
- 醤油…数滴
- 水…50ml
- サラダ油…小さじ1

作り方
1. キャベツ、ほうれん草、赤パプリカ、コーンは粗みじん切りにする。豚肉は1cmほどに切る。
2. ボウルに卵、水、醤油を入れて混ぜ、小麦粉を入れてさらに混ぜる。1、塩抜きしたしらす干しを加え全体的に混ぜる。
3. フライパンにサラダ油を引いて熱し、生地を入れて中火で両面をじっくりと焼く。
4. 粗熱がとれたらスティック状に切り、密閉袋に入れて冷凍する。

お米のポタージュ
（9〜11か月ごろ）

炭水化物 / たんぱく質 / ビタミン・ミネラル

材料（4食分）
- ごはん…30g
- 玉ねぎ…25g
- にんじん…5g
- コーン缶…15g
- ひよこ豆(缶詰)…5g
- 野菜スープ(p.27)…600ml
- 塩…少々

作り方
1. 鍋にごはん、ざく切りした玉ねぎ、にんじん、コーン、ひよこ豆、野菜スープ、塩を入れ、玉ねぎ、にんじんがやわらかくなるまで煮る。
2. 1をブレンダーなどで撹拌する。
3. 粗熱がとれたら冷凍容器に2を入れて冷凍する。

かぼちゃのおやき
（1歳〜1歳6か月ごろ）

たんぱく質 / ビタミン・ミネラル

材料（4食分）
- かぼちゃ…160g
- 鶏ひき肉…60g
- 玉ねぎ…20g
- にんじん…20g
- サラダ油…少々
- バター(無塩)…適量

作り方
1. かぼちゃは皮と種をとってふんわりとラップで包み、電子レンジで3分加熱して、つぶす。
2. 玉ねぎ、にんじんはみじん切りにし、ラップをして電子レンジで1分加熱する。
3. フライパンにサラダ油を引いて熱し、鶏ひき肉を炒める。
4. ボウルに1、2、3を入れてよく混ぜ、形を整える。フライパンにバターを入れて熱し、焼き色がつく程度に焼く。
5. 粗熱がとれたら密閉袋に入れ、冷凍する。

りんごとオートミールのコンポート
（9〜11か月ごろ）

炭水化物 / ビタミン・ミネラル

材料（4食分）
- りんご…80g
- オートミール…大さじ2
- りんごジュース(100％のもの)…50ml
- 水…200ml

作り方
1. りんごは5〜6mm角に切る。
2. 鍋に材料すべてを入れてやわらかく煮る。
3. 粗熱がとれたら冷凍容器に入れ、冷凍する。

166

フリージングレシピ

まぐろのつみれ
(1歳〜1歳6か月ごろ)

たんぱく質 / ビタミン・ミネラル

材料（4食分）
- まぐろ…70g
- 豆腐（絹ごし）…50g
- 玉ねぎ…50g
- 卵…1/3個
- 味噌…小さじ1/2
- 片栗粉…大さじ1

作り方
1. まぐろはすりつぶす。豆腐はゆでて水気を切る。
2. 玉ねぎはみじん切りにし、耐熱容器に入れて電子レンジで30秒加熱する。
3. ボウルにすべての材料を入れてよく混ぜる。
4. 鍋でお湯を沸騰させ、3をスプーンで形を整えながら落としていく。しっかり火が通り、浮いてきたら取り出す。
5. 粗熱がとれたら密閉袋に入れ、冷凍する。

大根おやき
(1歳〜1歳6か月ごろ)

炭水化物 / たんぱく質 / ビタミン・ミネラル

材料（4食分）
- 大根…80g
- にんじん…20g
- 小松菜…30g
- ニラ…10g
- ごはん…100g
- 鶏ひき肉…50g
- かつお節…2〜2.5g
- 小麦粉…大さじ1と1/2
- 醤油…数滴
- サラダ油…小さじ1

作り方
1. 大根はおろす。にんじん、小松菜、ニラはみじん切りにする。
2. ボウルに1、ごはん、鶏ひき肉、かつお節、小麦粉、醤油を入れてよく混ぜる。
3. フライパンにサラダ油を入れて熱し、2の形を整えて中に火が通るまで、両面を焼く。
4. 粗熱がとれたら食べやすい大きさに切り、密閉袋に入れて冷凍する。

小松菜餃子
(1歳〜1歳6か月ごろ)

炭水化物 / たんぱく質 / ビタミン・ミネラル

材料（4食分）
- 豚ひき肉…50g
- 小松菜…50g
- 醤油…少量
- 餃子の皮…12枚
- サラダ油…少々
- 水…100ml

作り方
1. 小松菜は耐熱容器に入れてラップをし、電子レンジで1分加熱。水気を絞って粗みじん切りにする。
2. ボウルに豚ひき肉を入れ、粘りが出るまで混ぜる。1、醤油を加えてさらに混ぜる。
3. 2を餃子の皮で包む。
4. フライパンにサラダ油を熱し、3を並べて水を入れる。ふたをして、弱火で蒸し焼きにする。水分がなくなったらふたをとり、焼き目をつける。
5. 粗熱がとれたら密閉袋に入れ、冷凍する。

鶏レバーと野菜のコロッケ
(1歳〜1歳6か月ごろ)

炭水化物 / たんぱく質 / ビタミン・ミネラル

材料（4食分）
- 鶏レバー…60g
- じゃがいも…100g
- 大根…60g
- にんじん…40g
- A [塩…少々 / マヨネーズ…小さじ4]
- サラダ油、小麦粉、溶き卵、パン粉…適量

作り方
1. 鶏レバーは血合いと血管を取りのぞき、ゆでて5mm角に切る。
2. じゃがいもはあくを抜き、ゆでてつぶす。大根、にんじんは長さ2cmのせん切りにし、耐熱容器に水少々と入れて、ラップをして電子レンジで2分加熱する。
3. ボウルに1、水気を切った2、Aを入れてよく混ぜ、食べやすい大きさにする。小麦粉、溶き卵、パン粉の順につけ、サラダ油を引いたフライパンで揚げ焼きをする。
4. 粗熱がとれたら密閉袋に入れて冷凍する。

167

甘口肉みそ （1歳〜1歳6か月ごろ）

たんぱく質 ビタミン・ミネラル

材料（4食分）
豚ひき肉…100g
玉ねぎ…80g
なす…60g
にんじん…60g
味噌…大さじ2
砂糖…大さじ1
サラダ油…少々
水…120ml

作り方
1. 玉ねぎ、にんじんはみじん切りにする。なすは皮をむいて1cm角に切る。
2. フライパンにサラダ油を入れて熱し、豚ひき肉、1を入れて炒める。
3. 豚ひき肉の色が変わったら味噌、砂糖、水を入れ、中に火が通るまで煮る。
4. 粗熱がとれたら、冷凍容器に入れて冷凍する。

ほうれん草入り卵焼き （1歳〜1歳6か月ごろ）

卵　たんぱく質 ビタミン・ミネラル

材料（4食分）
卵…1個
ほうれん草…40g
にんじん…10g
醤油…少々
サラダ油…少々

作り方
1. ほうれん草はゆでて水にさらしてあくを抜き、1cm四方に切る。にんじんはゆでて長さ1cmの細切りにする。
2. ボウルに卵を溶き、1、醤油を入れて混ぜ合わせる。
3. フライパンや卵焼き器にサラダ油を入れて熱し、2を入れて卵焼きを作り、中まで火を通す。
4. 粗熱がとれたら密閉袋に入れ、冷凍する。

チキンソース （1歳〜1歳6か月ごろ）

たんぱく質 ビタミン・ミネラル

材料（4食分）
鶏ひき肉…50g
玉ねぎ…20g
にんじん…20g
なす…20g
カットトマト缶（無塩）…140g
トマトケチャップ…大さじ1
砂糖…小さじ1/2
醤油…小さじ1/2
水…50ml

作り方
1. 玉ねぎ、にんじんはみじん切りにする。なすは皮をむいて1cm角に切る。
2. 耐熱容器に1を入れラップをし、電子レンジで1分加熱する。
3. 鍋に水と鶏ひき肉を入れて、アクをとりながら煮る。残りの材料を加え、水分がなくなるまで煮詰める。
4. 粗熱がとれたら冷凍容器に入れて、冷凍する。

ラタトゥイユ （1歳〜1歳6か月ごろ）

たんぱく質 ビタミン・ミネラル

材料（4食分）
鶏肉…60g
トマト…80g
ズッキーニ…30g
玉ねぎ…20g
黄パプリカ…20g
オリーブオイル…小さじ1/2
塩…小さじ1/6

作り方
1. 湯むきをして種をとったトマト、皮と種をとったズッキーニ、玉ねぎ、黄パプリカ、鶏肉を1cm大に切る。
2. フライパンにオリーブオイルを入れて熱し、玉ねぎを炒める。ズッキーニ、パプリカも加えて炒め、油が全体にまわったらトマトを加える。ふたをして、弱火で10分蒸し煮にする。
3. 鶏肉を加え、ふたをして3〜4分蒸し煮にし、中に火を通す。塩で味を調える。
4. 粗熱がとれたら冷凍容器に入れて、冷凍する。

Part 4

記念日を彩る

ハレの日&
ちょいデコレシピ

盛りつけの工夫や変化で、
いつもの離乳食が華やかになります。
赤ちゃんの気分も盛り上がってニコニコ、
その様子を見たママやパパも幸せになります。
特別な日や季節ごとのイベントに合わせた、
食事がますます楽しくなりそうなメニューをご紹介します。
すてきな思い出が増えるといいですね。

ハレの日レシピ

特別な日には、いつもとは少し違うアレンジをしてみませんか。見た目にも華やかな離乳食を作って、楽しくイベントを過ごしましょう。

ちょっとした工夫でスペシャル感を楽しんで

誕生日、クリスマス、お正月など、1年を通して赤ちゃんと楽しみたいイベントはいろいろあります。そんなときは、いつものメニューをアレンジして、デコレーションをした離乳食にしてみませんか。スペシャル感が出て、楽しい雰囲気になること間違いなし。

5～6か月のイベントレシピでは、ペーストを使うと便利です。材料にあるペーストは、すべて用意できなくても大丈夫。赤、オレンジ、緑の3色があれば華やかに仕上がります。ベビーフードのペーストを使ったり、色味が同じ別の野菜を使ったりして工夫してみてはいかがでしょう。

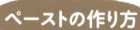
ペーストの作り方

ミニトマトのペースト ※トマトでも同様に作れます。

材料（1食分）
ミニトマト…1個
水…少々

作り方
1 ヘタをとって半分に切り、水少々と一緒に耐熱容器に入れ、ラップをかけて電子レンジで10秒ほど加熱。
2 冷水にとり、皮と種を取りのぞく。
3 裏ごしをし、お湯などでのばす。

かぼちゃのペースト ※じゃがいも、さつまいもでも同様に作れます。

材料（1食分）
かぼちゃ…適量

作り方
1 ラップでふんわりと包み、電子レンジで2分ほど加熱。
2 皮と種を取りのぞき、すりつぶす。
3 裏ごしをし、お湯などでのばす。

にんじんのペースト

材料（1食分）
にんじん…適量

作り方
1 皮をむき、7～8mm厚さの半月切りにする。
2 やわらかくなるまでゆでる。
3 裏ごしをする。ゆで汁などでのばして、やわらかさを調整する。

ほうれん草のペースト

材料（1食分）
ほうれん草（葉先）…適量

作り方
1 葉先をやわらかくなるまでゆでる。
2 水にさらしてあく抜きをし、細かく刻んですりつぶす。
3 裏ごしをし、お湯などでのばす。

鯛のペースト

材料（1食分）
鯛（刺身用）…1切れ

作り方
1 鯛をゆでてすりつぶす。
2 ゆで汁などでのばす。

※お湯だけでなくゆで汁、だし汁でも、のばすこともできます。なお、ほうれん草など、あくが強いもののゆで汁は使いません。

170

ハレの日レシピ

お誕生日

5〜6か月ごろ

ハーフバースデーケーキ

`炭水化物` `ビタミン・ミネラル`

🌸 **材料**（1食分）

10倍がゆ(p.24)…大さじ2
ほうれん草ペースト(p.170)…小さじ1
トマトペースト(p.170)…小さじ1
にんじんペースト(p.170)…小さじ1
かぼちゃペースト(p.170)…小さじ1

🌸 **作り方**

1. 10倍がゆを器に盛りつける。
2. それぞれの野菜ペーストで飾る。

ハーフバースデーには
おかゆのケーキを。
カラフルな野菜ペーストで飾ります。

1歳〜1歳6か月ごろ

誕生日ケーキ

`炭水化物` `たんぱく質` `ビタミン・ミネラル`

🌸 **材料**（1食分）

ホットケーキミックス(ベビーフード)…30g
ヨーグルト(無糖)…大さじ5
牛乳(または水)…大さじ1と1/2
いちご…1〜2個
たまごボーロ…適量
サラダ油…少々

🌸 **作り方**

1. ヨーグルトは30分〜1時間水切り(p.94)をする。
2. ホットケーキミックスと牛乳を混ぜ、サラダ油を引いたフライパンで2枚ホットケーキを焼く。
3. いちごは小さく切る。
4. 1枚のホットケーキの上にいちごを適量のせ、もう1枚のホットケーキを重ね、**1**を表面に塗る。いちご、ボーロで飾る。

ポイント
野菜入りの色味のあるボーロにしたり、季節の果物を使っても楽しいですね。

1歳のお誕生日には、やっぱりケーキ。
生クリームやスポンジの代わりに
ヨーグルトとホットケーキで作ります。

クリスマス

5〜6か月ごろ

とろとろおかゆツリー

`炭水化物` `ビタミン・ミネラル`

❄ 材料（1食分）

10倍がゆ(p.24)…大さじ2
ほうれん草ペースト(p.170)…小さじ1
にんじんまたはかぼちゃペースト(p.170)
　…小さじ1/2
トマトペースト(p.170)…小さじ1/2

❄ 作り方

1. 10倍がゆを器に盛りつける。
2. 1にほうれん草ペーストでツリーを描き、にんじんペースト、トマトペーストで飾りつける。

ポイント
にんじんペーストとトマトペーストを混ぜて、色味をアレンジしてもいいですね。

雪の中のツリーのように
ペーストで飾ってみましょう

まわりにもペーストを散らして
星空の中のツリーのようにしてみました

7〜8か月ごろ

クリスマスパンがゆ

`炭水化物` `ビタミン・ミネラル`

❄ 材料（1食分）

食パン(サンドイッチ用)…1/2枚
育児用ミルク…大さじ2と小さじ2
ほうれん草ペースト(p.170)…適量
かぼちゃペースト(p.170)…適量

❄ 作り方

1. 食パンを小さく切る。
2. 鍋に育児用ミルクを入れ、食パンを加えて弱火で5分煮る。
3. 2を器に盛りつける。ほうれん草ペーストでツリーを描き、かぼちゃペーストで飾る。

ポイント
トマトペーストを加えれば、より華やかなツリーに。

172

ハレの日レシピ

9〜11か月ごろ

雪だるまマッシュポテト

`炭水化物` `ビタミン・ミネラル`

材料（1食分）

じゃがいも…40g
育児用ミルク…大さじ1と小さじ1
ブロッコリー(穂先)…少々
にんじんペースト(p.170)…適量
黒ごま…少々

作り方

1. じゃがいもは皮をむいて小さく切り、水にさらしてあくを抜く。耐熱容器に入れて水大さじ1を加え、電子レンジで2分加熱する。水気を切ってなめらかにつぶし、育児用ミルクを加えて混ぜる。
2. ブロッコリーは耐熱容器に入れて水大さじ1を加え、電子レンジで1分30秒加熱する。水気を切ってみじん切りにする。
3. 1を雪だるまの形に盛りつける。帽子、マフラー、手袋はにんじんペーストで描く。ボタンは2で、目と口はごまで作る。

マッシュ状なので作りやすい。パクパク食べてくれるかな？

1歳〜1歳6か月ごろ

パクッとクリスマスツリー

`炭水化物` `ビタミン・ミネラル`

材料（1食分）

ほうれん草…1株
さつまいも…70g
にんじん…適量
スライスチーズ…適量
クラッカー…適量
牛乳…適量

作り方

1. ほうれん草はざく切りにし、ゆでて水にさらしてあくを抜く。さつまいもは皮をむいて水にさらしてあくを抜いてから耐熱容器に入れて、やわらかくなるまで電子レンジで加熱する。
2. 1をフードプロセッサーなどで混ぜ、牛乳でやわらかさを調節する。
3. スライスチーズはストローで丸型にくり抜く。にんじんは厚さ5mmに切り、電子レンジでやわらかくなるまで加熱し、星型と丸型にくり抜く。
4. 器にクラッカーを敷き、土台にする。2を絞り袋に入れ、星型の口金でツリーの形になるように絞る。3をツリーに飾る。

野菜とおいもで立体的なツリーはいかが？

173

お正月

おもちなしの雑煮風
9〜11か月ごろ

炭水化物 / たんぱく質 / ビタミン・ミネラル

材料（1食分）
- 鶏ささみ…5g
- 里いも…10g
- ほうれん草(葉先)…5g
- にんじん…適量
- だし汁(p.26)…大さじ3
- 片栗粉…少々

作り方
1. 鶏ささみは薄く開き、片栗粉をまぶしてゆでる。1〜2mmほどにほぐす。
2. ほうれん草はゆでて水にさらしてあくを抜き、みじん切りにする。里いもは皮をむいて7mm角に切り、やわらかくゆでる。
3. 鍋にだし汁、1、2を入れてひと煮立ちさせ、器に盛りつける。
4. 花型にくり抜いたにんじんをゆでて、3に飾る。

鏡もち
5〜6か月ごろ

炭水化物 / ビタミン・ミネラル

材料（1食分）
- 10倍がゆ(p.24)…大さじ2
- トマトペースト(p.170)…小さじ1/2
- かぼちゃペースト(p.170)…小さじ1
- ほうれん草ペースト(p.170)…小さじ1

作り方
1. 10倍がゆで鏡もちを描く。
2. かぼちゃペーストでみかんを、ほうれん草ペーストで葉を描く。
3. トマトペーストで梅の花、ほうれん草ペーストで松をそれぞれ描く。

ポイント
キャベツペースト(p.57)で竹を描いたり、鯛ペースト(p.170)とおかゆを混ぜて鏡もちを作ったりすると、味と色味のバリエーションが増えます。

モッチモチのじゃがいももち
1歳〜1歳6か月ごろ

炭水化物

材料（1食分）
- じゃがいも…30g
- だし汁(p.26)…80ml
- 片栗粉…小さじ1

作り方
1. じゃがいもは水にさらしてあくを抜き、やわらかくゆでてボウルでつぶす。
2. 片栗粉を加えて混ぜ、俵形に整える。
3. 鍋にだし汁を入れてひと煮立ちさせたら2を入れて中まで火を通し、器に盛りつける。

豆腐のお雑煮風
7〜8か月ごろ

たんぱく質 / ビタミン・ミネラル

材料（1食分）
- 鶏ささみ…5g
- 豆腐(絹ごし)…15g
- ほうれん草(葉先)…10g
- にんじん…10g
- だし汁(昆布・p.26)…50ml
- 水溶き片栗粉(p.22)…適量

作り方
1. 鶏ささみはゆでてすりつぶす。ゆでて水を切った豆腐をもちに見立てて、長方形に切る。
2. ゆでて水にさらしてあくを抜いたほうれん草、ゆでたにんじんは2〜3mm大に刻む。
3. 鍋にだし汁を入れて加熱し、水溶き片栗粉でとろみがつくまで加熱する。
4. 器に1を盛りつけ、3を注ぎ、2を入れる。

ハレの日レシピ

ひな祭り

ひな祭り3色がゆ（9〜11か月ごろ）

炭水化物 ビタミン・ミネラル

材料（1食分）
- ごはん…50g
- 水…130ml
- ほうれん草…20g
- にんじん…15g
- かぼちゃ…少々

作り方
1. 鍋でごはんと水を煮る。
2. ほうれん草はゆでて水にさらしてあくを抜き、にんじんはやわらかくゆで、それぞれ裏ごしをする。
3. 1を3等分にして、2をそれぞれ混ぜる（1つはそのまま）。
4. かぼちゃは皮と種をとって小さく切り、耐熱容器に入れて電子レンジで2分加熱し、裏ごしをする。
5. 牛乳パックなどの四角い型にほうれん草入り、そのまま、にんじん入りの順に重ね、4を星型にしてのせる。

おひなさまとおだいりさま（5〜6か月ごろ）

炭水化物 ビタミン・ミネラル

材料（1食分）
- 10倍がゆ（p.24）…大さじ2
- コーンスープの素（ベビーフード）…少々
- じゃがいもペースト（p.170）…大さじ1
- ほうれん草ペースト（p.170）…小さじ1/2
- にんじんペースト（p.170）…小さじ1

作り方
1. 10倍がゆ半量にほうれん草ペーストを（目、おだいりさまの体）、残りににんじんペーストを混ぜる（おひなさまの体、花びら）。
2. じゃがいもペースト半量にコーンスープの素を混ぜる（しゃくと扇、花の中央）。
3. 残りのじゃがいもペーストでおひなさま、おだいりさまの顔を描く。
4. 1、2を使って、おひなさまとおだいりさまの体などを描く。

ひな寿司（1歳〜1歳6か月ごろ）

炭水化物 たんぱく質 ビタミン・ミネラル

材料（1食分）
- ごはん…80g
- にんじん…8g
- 鶏ひき肉…15g
- 青のり…少量
- 醤油…小さじ1/2
- 砂糖…小さじ1/2
- にんじん（飾り用）…適量

作り方
1. アルミホイルや牛乳パックでひしもち風の型を作る。ごはんを3等分にする。
2. にんじんはやわらかくゆでてつぶし、ごはん1/3に混ぜる。飾り用のにんじんを花型に抜き、ゆでる。
3. ごはん1/3に青のりを混ぜる。
4. 鍋に鶏ひき肉、醤油、砂糖、水少々を入れて中に火が通るまで煮る。汁気を切り、ごはん1/3と混ぜる。
5. 型に3、4、2の順に重ね、飾り用のにんじんをのせる。

マッシュポテトのひしもち風（7〜8か月ごろ）

炭水化物 ビタミン・ミネラル

材料（1食分）
- じゃがいも…30g
- ほうれん草（葉先）…2.5g
- トマトジュース…小さじ2と1/2

作り方
1. じゃがいもは皮をむいてあくを抜き、やわらかくゆでる。
2. 1を3等分にし、2/3はそのままつぶす。1/3は耐熱容器にトマトジュースとともに入れ、電子レンジで30秒加熱し、つぶす。
3. ほうれん草はゆでて水にさらしてあくを抜き、みじん切りにする。2のそのままつぶしたじゃがいもの半分にほうれん草を混ぜる。
4. 器にほうれん草入り、じゃがいもだけ、トマトジュース入りを層になるように重ねて入れる。

175

こどもの日

こいのぼり (5〜6か月ごろ)

材料（1食分）
- 10倍がゆ(p.24)…大さじ2
- ほうれん草ペースト(p.170)…小さじ1
- トマトペースト(p.170)…小さじ1
- にんじんまたはかぼちゃペースト(p.170)…小さじ1/2

作り方
1. 10倍がゆを小さじ2ほど取り分け、こいのぼりの顔部分を作る。
2. ほうれん草ペーストを少し取り分ける（こいのぼりの目）。残りの10倍がゆを半分に分けて、1つにはほうれん草ペースト（こいのぼりの体）を、もう1つにトマトペースト（こいのぼりの体）を混ぜる。
3. 1の横に2で体を、にんじんペーストでポールなどを描く。

炭水化物　ビタミン・ミネラル

おいものかしわもち風 (7〜8か月ごろ)

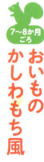

材料（1食分）
- じゃがいも…30g
- グリーンピース…5g

作り方
1. グリーンピースはやわらかくゆで、薄皮をむいてつぶす。
2. じゃがいもは皮をむいたら水にさらしてあくを抜き、やわらかくゆでてつぶす。
3. 2の1/3に1を混ぜる（かしわもちの葉）。
4. ラップの上に3を葉の形に整えておく。残りのじゃがいもを丸めてその上にのせ、ラップごと巻いて形を整える。

炭水化物　ビタミン・ミネラル

かぶと (9〜11か月ごろ)

材料（1食分）
- 豚ひき肉…15g
- じゃがいも…30g
- れんこん…10g
- アスパラガス(穂先)…3〜4cm長さを1本
- にんじん、ミニトマト、ブロッコリー、のり、トマトケチャップ、サラダ油…各少々

作り方
1. れんこんをすりおろし、豚ひき肉を混ぜ、かぶとの土台に形作る。フライパンに油を引き、しっかり焼く。
2. あく抜きをしたじゃがいもはラップをして電子レンジで1分加熱し、つぶす。お湯を加えて少しやわらかくして少量を取り分け、残りで顔を作る。
3. 取り分けた2でかぶとの飾りを作り、1の上にのせる。トマトケチャップで飾る。
4. アスパラガスはゆでて、縦半分に切る。先に切り込みを入れ、かぶとの飾り風に。
5. にんじんはやわらかくゆで、ほっぺ用に切る。のりを目の形に切る。
6. 写真を参考にしながら、器にそれぞれを配置する。皮と種をとったミニトマト(p.39)、ゆでたブロッコリーを小さく切り、まわりに散らす。

炭水化物　たんぱく質　ビタミン・ミネラル

※アスパラガス、ブロッコリーは発達に応じて食べるときに刻みます(p.40参照)。

ハレの日レシピ

こいのぼりサンドイッチ
1歳〜1歳6か月ごろ

炭水化物　たんぱく質　ビタミン・ミネラル

材料（1食分）
- 食パン（サンドイッチ用）…1枚
- ヨーグルト（無糖）…大さじ1
- りんご…10g
- キウイ…1/4個
- スライスチーズ…少々
- のり…少々

作り方
1. ヨーグルトは水切り(p.94)をしておく。
2. りんごはみじん切りにし、耐熱容器に入れて水大さじ1を加え、電子レンジで30秒加熱する。
3. ボウルに1と2を入れ、混ぜ合わせる。
4. パンを半分に切り、3をはさむ。
5. キウイを厚さ5mmのいちょう切りにして電子レンジで30秒加熱する。スライスチーズとのりは目の形にくり抜く。
6. 4にキウイを飾り、スライスチーズとのりの目をのせる。

便利なデコグッズ

ケチャップ&オーブンペーパー

顔などを描くときは、オーブン用ペーパーを巻いてコルネ型に。中にケチャップを入れて絞ると、より細かい線が描けます。

コルネの作り方
適当な大きさの三角に切ったオーブン用ペーパーを、先端がとがるように巻きます。ケチャップを入れ、上部を折り込んで完成。

おにぎりメーカー

小さなおにぎり用も売られています。小さなおにぎりには、顔を描いてもかわいいですよね。

ごはん型

中に詰めるだけで、白いごはんが好きな形に変身します。電車、キャラクターなどさまざまなタイプが。

のりカッター

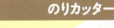

のりを目や口などの形に切れるカッター。いろいろな表情やタイプがあります。

竹串&爪楊枝
竹串や爪楊枝などの先端を少しだけ濡らし、くっつけるようにしてのりをとります。

抜き型

金属製やプラスチック製があります。ゆでた野菜、薄焼き卵などのくり抜きに。

外食時はベビーフードが便利

COLUMN 3

「たまには外食したいけど、まだキッズメニューは食べられないし……」というときは、主食と主菜がセットになったお弁当タイプのベビーフードがオススメ。いつもとは違う雰囲気の食事に、赤ちゃんの食欲も増します。

そのまま食べられるお弁当タイプ

外食してもまだキッズメニューが食べられない赤ちゃんのために、主食＋主菜がセットになったお弁当タイプのベビーフードも発売されています。月齢別に分かれており、メニューも豊富。容器が食器になっているので別のお皿に移す必要もないうえ、温めなくてもおいしく食べられます（容器のまま温められる商品もあります）。

外食時に便利な持ち物

ポケット付きエプロン
食べこぼしがポケットに入るので便利。なければ大きめのタオルでも。

大きめのタオル
エプロン代わりに、防寒に、急な嘔吐に、など用途多数。

マグ
水や麦茶など飲み物を忘れずに。こまめな水分補給を心がけて。

ファスナーつきプラスチックバッグ
ベビーフードやスプーンのまとめ入れのほか、汚れ物入れとしても。密閉袋でも代用可能。

ウェットティッシュ
口まわりや手などの汚れ拭きには、乾いたティッシュではなく湿っているものが便利。

ビニール袋
ごみを入れたり、濡れたタオルを入れたり、着替えを入れたり。外出の必需品。

お湯
授乳用のミルクを作るときや、フリーズドライの離乳食を作るときに便利。保温機能のある水筒に入れて。

離乳食の次は幼児食

COLUMN 4

離乳食が終わっても3歳ぐらいまでは、薄い味付けと
咀しゃく機能に合わせた形状・大きさの幼児食を与えます。
下記に注意して、少しずつ大人の食事へと移行していきましょう。

生ものは鮮度と体調を見て

刺身などの生ものは、原則として3歳をすぎたら食べてもOK。体調のよいときに、新鮮なものを。刺身はまぐろやサーモンなど、やわらかくて食べやすいものがおすすめ。貝類・イカ・タコはかみ切りにくいので、もう少し成長してからにします。「あれもこれも」と、早い時期から食べさせる必要はありません。

甘いものは控えめに

1度にたくさんの量を食べられない子どもは、不足したエネルギーや栄養素をおやつで補うことも大事。とはいえ、ケーキやアイスなど甘さの強いものは控えめに。あらかじめ「今日はこれだけね」と約束してから少量をあげる、ごほうびとして特別なときだけあげる、という程度が理想です。

定食にしてバランスを

外食ではラーメンや丼など一品ものではなく、主菜や副菜のついた定食のようなメニューを選びましょう。大人とシェアする場合は、味付けを確認したりベビーフードのおかずをプラスしたりといった工夫を。なお、いわゆる「お子様ランチ」は、複数品目があっても濃い味や脂肪分の多いものもあるので注意します。

病気のときの離乳食

COLUMN 5

ひと口に「病気」といっても、症状によって対処法は違います。
まず優先させるべきは水分補給。
離乳食は無理をせず、医師の指導に従います。

 point 1　水分補給が最優先

発熱・嘔吐・下痢などが続くと、体内の水分やミネラルが失われて脱水症状が起こりがち。まずは、水分補給を優先させます。電解質を効率よく摂取できる乳幼児用のイオン飲料は、医師の指示に基づいて与えます。

 point 2　無理せず消化のよいものを

食欲がないときは、無理に食べさせる必要はありません。まずは水分補給に努めてください。食欲がある場合は、食材の硬さや大きさなどを1つ前の段階に戻して食べさせます。メニューはおかゆ・うどん・スープなど胃腸への負担が少ない消化のよいものを。回復の具合や食欲を見ながら、少しずつ元の量やメニューに戻していきます。

熱

まず水分補給、脂質や繊維質はNG

汗や呼吸で体内の水分やミネラルが失われ、脱水症状が心配なので、水分をこまめに補給します。発熱すると胃腸が弱まるので、食事は無理にあげません。食べられそうなときは、消化のよいおかゆ・うどん・スープなどを少しずつ食べさせます。

OK食材
●おかゆ　●うどん ●じゃがいものペースト ●豆腐　●納豆など

NG食材
●脂肪分の多い肉・魚 ●牛乳　●チーズ　●バター ●繊維の多い野菜など

下痢

水分補給とりんごがおすすめ

普段より少し便がゆるく、回数も1〜2回多いぐらいであれば、それほど心配ないことがほとんどです。ひどい下痢のときは医師の診察を受けますが、まずは水分補給を。湯冷ましなど人肌程度のものを少しずつ飲ませます。食事は消化のよいものを、やわらかく調理して。オレンジなどの柑橘系の果物は便をやわらかくする作用があるので避けますが、りんごは例外。整腸作用があるペクチンが含まれており、おすすめです。

OK食材
●りんご　●にんじん ●おかゆ　●うどん ●やわらかく煮た野菜など

NG食材
●牛乳や乳製品　●果物(りんご以外)や果物ジュース ●油脂類など

嘔吐

嘔吐が続く間は食べさせない

嘔吐が続くと体力が消耗し、脱水症状を起こしてしまう恐れも。無理に食べさせる必要はありませんが、水分補給は意識します。吐き気が収まったら、水や麦茶を少しずつ与えてください。オレンジなど柑橘系のジュースや牛乳は、吐き気を誘発しやすいので避けて。水分をとっても嘔吐しなくなったら、消化のよいものを少しずつ与えます。

OK食材
- おかゆ ● スープ ● 豆腐
- 白菜 ● バナナなど

NG食材
- 柑橘系の果物やジュース
- 牛乳 ● ヨーグルトなど

便秘

水分や繊維の多い食品を積極的に

離乳食スタートによる食生活や腸内環境の変化、母乳やミルクを飲む量が減ることによる水分不足といった理由から、便秘になることも。水分を多めに与えるとともに、主食を増やしたり、野菜やいも類など繊維質の多い食品を積極的に食べさせましょう。調理のときにバターや油を使うと、スムーズな排便が促されることも。

OK食材
- 根菜や葉物など繊維質の多い野菜 ● いも類 ● 牛乳や乳製品 ● きのこ類など

NG食材
- 特になし

咳

水分が多くのど越しのよいものを

咳が出るときは食べ物が飲み込みづらく、かんでいるときに咳とともに吐き出してしまうことも。飲み込みやすい食材や調理方法を意識してください。のどの湿りは呼吸をラクにするので、水分補給とともに水分を多めにしたメニューも◎。片栗粉などでとろみをつけるのもおすすめです。逆に、熱いものや酸味が強いものなど、のどの粘膜を刺激する食べ物は避けます。

OK食材
- スープやうどん
- 雑炊など水分が多いもの
- とろみがついたものなど

NG食材
- 柑橘系の果物 ● パンやせんべい、ボーロなどパサパサしたもの ● 繊維質の多い野菜などかみにくいもの

ベビーカレンダーって どんな会社？

ベビーカレンダーサイト・アプリを運営

2015年からスタートした、妊娠・出産に役立つ記事を6000以上掲載する日めくり型妊娠出産サイト・アプリです。すべての記事が専門家の監修によるものであり、日めくり形式で提供しています。また、ネット上で現役助産師や管理栄養士に無料で相談できるコーナーが大人気！ 編集部一同、魂をこめて記事を作っており、過去記事の見直しも常に行うなどして最新の情報をお届けしています。ぜひご覧になってください。

本書に掲載した約270品の離乳食はサイト・アプリでもご覧いただけます

ベビーカレンダー

公式サイトはこちら ▶▶

アプリダウンロードはこちら ▼▼

Download on the App Store

GET IT ON Google Play

離乳食レシピ
厚生労働省の「離乳・授乳の支援ガイド」に基づいた管理栄養士監修のレシピのみを掲載。離乳食レシピ数は日本最大級の1000品以上。妊娠食レシピも掲載。

「裏ごし」「とろみづけ」といった離乳食の基本の調理方法や、10倍がゆをはじめ離乳食スタートから使えるレシピは、動画でも解説。離乳食作りにまつわるみなさまのお悩み・疑問を解決します。

ニュース

「赤ちゃんと毎日の暮らしをもっとラクに、もっと楽しく」をテーマに、妊娠・出産・育児に関する話題のニュースを毎日配信。

日めくりTOPページ

「今日知って良かった！」と思える情報をお届け。医療専門家による妊娠・出産・育児のQ&A、医療専門家が監修する基礎知識のほか、先輩ママの体験談、知っておきたいニュースなどを、出産予定日やお子様のお誕生日に合わせて日替わりでお届けします。

悩み相談（無料）

妊娠中や育児の悩みや疑問を、助産師や管理栄養士にいつでも相談できます。

基礎知識

すべての記事は専門医の監修によるもの。注意すべきことを的確にお伝えします。

そのほかこんなことにも取り組んでいます

赤ちゃんの写真を入れた世界で1つだけのオリジナル絵本

iPadによる病院内での情報提供サービス。沐浴や授乳指導動画などの情報が満載

多くの産院で配られる、お産に必要なグッズをまとめたdaccoの「お産セット」

妊娠・出産・育児メディアの運営だけでなく、全国400院以上の産婦人科様向け育児指導動画、院内でのiPadによる情報提供サービス、予約システムなどのサービスを提供しています。また、多くの産院で配られるお産に必要なグッズをまとめたdaccoの「お産セット」の中にも、大人気の写真入り絵本サービス（無料）を提供しています。

この本の刊行にあたり

全国400院以上の産婦人科にサービスを提供しているベビーカレンダーには、産婦人科勤務の管理栄養士さんにご提供いただいた妊娠期の食事・離乳食レシピが1000品以上（2019年5月現在）あります。

今回、12年ぶりに厚生労働省の「授乳・離乳の支援ガイド」が改定されました。私たちは新たなガイドラインについて「初めて離乳食をつくるママ・パパにもいち早く、分かりやすくお伝えしたい」という思いを抱き、「初めての離乳食」がよく分かるよう動画でご覧いただける仕組みを取り入れて、本書を提供させていただくことになりました。

編集にあたっては、全国の産婦人科勤務の管理栄養士や調理士など、専門家のみなさま、監修を行ってくださった相模女子大学の堤ちはる先生、口腔医療でトップを走られている日本歯科大学の田村文誉先生、新星出版社様など多くの方にご協力をいただきました。

ママやパパが本書によって少しでも離乳食作りが楽しくなり、より豊かな気持ちで赤ちゃんとの毎日がすごせるようになることを願っています。

ベビーカレンダー編集長　二階堂美和

ベビーカレンダー編集長
二階堂美和

● 2001年4月
ベネッセコーポレーション発行
「ひよこクラブ」編集部入社
● 2013年7月
「ひよこクラブ」編集長に就任
● 2018年9月
ベビーカレンダー
メディア事業部編集長に就任

「ママたちに寄り添い、本当に役に立つ情報をお届けしたい！」という思いから、実際にママに会ってリアルを追求することがモットー。今まで出会ったママ＆赤ちゃんの数は、実に1000組以上！ 離乳食も自宅で作って試すほどの徹底ぶり。出産への立ち会いや、ママたちとの座談会開催などで妊娠・出産・育児事情を理解することだけでなく、医師や管理栄養士、保育士など専門家との交流も幅広く行う。
知りたいことがあれば迷わず専門家のところを訪れる、フットワークの軽さは超一流。
育児がラクに楽しくなり、ママが笑顔になり、そしてママの笑顔を見た赤ちゃんが笑顔になる。そんな社会を目指し、日々メディア作りに奔走中。

レシピ協力産院・病院リスト

親子が笑顔になれる離乳食作りに力を入れて取り組まれている産院・助産院・病院の管理栄養士・
栄養士・調理師など食や栄養のスペシャリストが作ったレシピを掲載しています

(50音順・敬称略)

医療法人社団愛和会
産科・婦人科　愛和病院

住所：福岡県古賀市天神5-9-1
TEL：092-943-3288

蒋田千奈美（管理栄養士）

医療法人修英会
遠藤産婦人科医院

住所：茨城県筑西市中舘130-1
TEL：0296-20-1000

石堀貴美（管理栄養士）
鈴木綾華（栄養士／食育インストラクター）
平山このみ（管理栄養士）
堀米美智子（管理栄養士）

医療法人社団吉祥会
加藤病院

住所：千葉県木更津市高柳2-12-31
TEL：0438-41-2276

石井智也（調理師）
谷内美恵（管理栄養士）
時田善昭（調理師）
錦織光代（管理栄養士）
吉崎葉子（管理栄養士）

医療法人恵愛会
恵愛病院

住所：埼玉県富士見市針ケ谷526-1
TEL：049-252-2121

三田久美子（管理栄養士）

医療法人竹村医学研究会（財団）
小阪産病院

住所：大阪府東大阪市菱屋西3-6-8
TEL：06-6722-4771

佐藤けい子（管理栄養士）
吉田美香（管理栄養士）

医療法人社団
佐野産婦人科医院

住所：千葉県浦安市当代島1-3-22
TEL：047-352-5705

加藤さおり（管理栄養士）

医療法人社団双鳳会
山王クリニック

住所：埼玉県白岡市寺塚123-1
TEL：0480-93-0311

中村悟子（管理栄養士）
平田祐子（管理栄養士）

医療法人鳳生会
総合医療センター成田病院

住所：千葉県成田市押畑896番地
TEL：0476-22-1500

矢部まり子（管理栄養士／調理師／認定
ONP栄養カウンセラー）

医療法人泰誠会
永井マザーズホスピタル

住所：埼玉県三郷市上彦名607－1
TEL：048-959-1311

飯田真澄（管理栄養士）
生田佳絵（管理栄養士）
松本桃代（管理栄養士）

医療法人社団政彬会
野田医院

住所：宮崎県都城市蔵原町9-18
TEL：0986-24-8553

磯野実奈子（管理栄養士）

助産院
牧岡マタニティハウス

住所：埼玉県越谷市大間野町1-35-12
TEL：080-6553-3924

牧岡晴美（助産院院長／助産師／中医薬
膳栄養指導師）

医療法人社団
ミオ・ファティリティ・クリニック

住所：鳥取県米子市車尾南2-1-1
TEL：0859-35-5211

高野由利子（栄養士／薬膳インストラクター）
田渕亜弥（栄養士／フードコーディネーター）
長山詔子（栄養士／食育インストラクター）
渡部真由香（管理栄養士）
湯本渉（管理栄養士）
村上由紀子（管理栄養士／調理師）
和田奈緒美（調理師）

医療法人社団愛弘会
みらいウィメンズクリニック

住所：千葉県印西市原4－2－2
TEL：0476-40-1200

荒谷美紗（管理栄養士／調理師／認定
ONP栄養カウンセラー）

医療法人成和会
山口病院

住所：千葉県船橋市西船5-24-2
TEL：047-335-107

岡安香織（管理栄養士／調理師）

千葉県印西市内
総合病院栄養部

長嶋貴代（管理栄養士）

食材別インデックス

※インデックスは月齢別に分かれています。
※レシピ名と食材は栄養素ごとに50音順に並んでいます。
※分量が「少々」「適量」のレシピ、および調味料は掲載していません。

きほんの離乳食

5〜6か月ごろ

炭水化物

●おかゆ
- おかゆ（10倍・7倍・5倍がゆ、軟飯） 24
- だし（昆布・かつお） 26
- ペースト 25
- めんがゆ 170
- パンがゆ 25
- 野菜スープ 27
- ・57

●食パン
- トマトパンがゆ 68
- なめらかマッシュポテト 69
- にんじんのポタージュ 68
- 野菜のミルクうどんがゆ 62
- パンがゆのバナナきな粉のせ 65
- ひらめと野菜のパンがゆ 64
- ミルクパンがゆのかぼちゃ添え 64

●うどん
- スイートミルクうどん 61
- 鯛とりんごのうどんがゆ 62
- タラトマうどん 63
- 豆乳うどん 62
- 豆腐と小松菜のかぼちゃうどん 63
- 野菜のミルクうどんがゆ 62

●米
- おひなさまとおだいりさま 175
- かぼちゃがゆ 174
- 鏡もち 161
- こいのぼり 172
- とろとろおかゆツリー 176
- 小松菜のおかゆ 59
- じゃがいものおかゆ 59
- しらすがゆ 161
- しらすと枝豆のおかゆ 60
- 白身魚のミルク煮 171
- トマトと麩のおかゆ 58
- にんじんのおかゆ 60
- ハーフバースデーケーキ 58
- ほうれん草と鯛のおかゆ 171
- 豆腐と小松菜のかぼちゃうどん 63
- 豆乳うどん 62
- 卵黄入りにんじんがゆ 62
- ミルクがゆ 61
- リゾット風おかゆ 59
- りんごのおかゆ 60

●じゃがいも
- とろっとしたポテトスープ 69
- スイートミルクうどん 61

●さつまいも
- おひなさまとおだいりさま 175
- じゃがいもおかゆ 59

たんぱく質

●しらす干し
- じゃがいもプラスしらす 68
- しらすがゆ 161
- しらすと枝豆のおかゆ 60
- 和風トマトスープ 64

●白身魚（鯛・タラ・ひらめなど）
- 鯛とりんごのうどんがゆ 62
- 鯛のペースト 66
- タラトマうどん 63
- 白身魚とにんじん 65
- 白身魚のトマト和え 162
- 白身魚のミルク煮 171
- ひらめと野菜のパンがゆ 64
- ほうれん草と鯛のおかゆ 171
- ミルクパンがゆのかぼちゃ添え 64
- ・57

●卵
- 卵黄入りかぼちゃのヨーグルト和え 70
- 卵黄入りにんじんがゆ 62
- リゾット風おかゆ 59

●豆腐
- かぼちゃプラス豆腐 65
- 豆乳うどん 62
- 豆腐かぼちゃ 63
- 豆腐と小松菜のかぼちゃうどん 63
- タラトマうどん 162
- 鏡もち 161

●豆乳
- 豆乳うどん 62

●麩
- トマトと麩のおかゆ 58
- バナナ豆腐 69
- ほうれん草の和風ポタージュ 60
- 麩ふりんご 70

ビタミン・ミネラル

●ヨーグルト
- 卵黄入りかぼちゃのヨーグルト和え 70

●枝豆
- しらすと枝豆のおかゆ 60

●かぶ
- かぶのやわらか煮 61

●かぼちゃ
- 鏡もち 161
- かぼちゃがゆ 174
- かぼちゃのペースト 65
- かぼちゃプラス豆腐 65
- こいのぼり 172
- とろとろおかゆツリー 176
- 豆腐かぼちゃ 63
- なめらかブロッコリー 67
- 豆腐と小松菜のかぼちゃうどん 63
- ハーフバースデーケーキ 171
- ひらめと野菜のパンがゆ 64
- ミルクパンがゆのかぼちゃ添え 64
- 卵黄入りかぼちゃのヨーグルト和え 70

●キャベツ
- キャベツのペースト 59

●小松菜
- 小松菜のおかゆ 59
- 小松菜のペースト 66
- 豆腐と小松菜のかぼちゃうどん 63
- 豆腐と小松菜のかぼちゃうどん 172
- ひらめと野菜のパンがゆ 64
- 卵黄入りかぼちゃのヨーグルト和え 70

●玉ねぎ
- 玉ねぎのおかゆ 61
- にんじんのポタージュ 68
- 豆腐かぼちゃ 162
- 野菜のミルクうどんがゆ 64
- ひらめと野菜のパンがゆ 57
- リゾット風おかゆ 59

●トマト・ミニトマト
- こいのぼり 172
- とろとろおかゆツリー 176
- 白身魚のトマト和え 162
- タラトマうどん 63
- トマトと麩のおかゆ 58
- トマトパン 65
- ミニトマトのペースト 176
- リゾット風おかゆ 59
- 和風トマトスープ 64

●にんじん
- おひなさまとおだいりさま 175
- とろとろおかゆツリー 176
- 白身魚とにんじん 65
- にんじんおかゆ 60
- にんじんきな粉 66
- にんじんのポタージュ 68
- パンがゆのバナナきな粉のせ 65
- ハーフバースデーケーキ 171
- ひらめと野菜のパンがゆ 64
- 野菜のミルクうどんがゆ 62
- 卵黄入りにんじんがゆ 62
- ・57

●白菜
- 豆乳うどん 62

●バナナ
- パンがゆのバナナきな粉のせ 59
- バナナ豆腐 62
- 麩ふりんご 70

●ブロッコリー
- なめらかブロッコリー 67
- ブロッコリーとりんご 171
- ブロッコリーのペースト 172

●ほうれん草
- こいのぼり 175
- ほうれん草と鯛のおかゆ 57
- ほうれん草の和風ポタージュ 66
- ミルクパンがゆのかぼちゃ添え 65
- リゾット風おかゆ 59

●りんご
- 鯛とりんごのうどんがゆ 62
- とろとろすりおろしりんご 70
- 麩ふりんご 70
- ブロッコリーとりんご 171
- りんごのおかゆ 60

7〜8か月ごろ

炭水化物

●うどん

たんぱく質

●卵
- 小田巻蒸し風

●白身魚（鯛・タラなど）
- しらすとキャベツの野菜サラダ
- ココロタラポテト
- 白身魚のかぼちゃ和え
- 白身魚のふわふわ団子スープ
- 鯛そぼろのおかゆ
- タラと白菜の煮込み鍋

●しらす干し
- かぼちゃとしらすのみぞれ煮
- しらすとキャベツの野菜サラダ

●鮭
- 鮭のほうれん草あんかけ
- 鮭のチャンチャン焼き
- 鮭と野菜のミルク煮うどん

●きな粉
- バナナプラスきな粉

●食パン
- 野菜のミルクシチュー

●そうめん
- 味噌煮込みそうめん

●さつまいも
- さつまいもプラスヨーグルト
- おいものかしわ餅風

●じゃがいも
- マッシュポテトのひしもち風
- じゃがいものトマト煮
- 肉じゃが
- じゃがいもの黄身和え
- じゃがいものおかかポテト
- コロコロラポテト
- クリスマスパンがゆ
- 鶏ひき肉と野菜のミルクパンがゆ
- キャロットのパンがゆ
- きな粉の和風パンがゆ

●米
- 小田巻蒸し風
- 鮭とキャベツのミルク煮うどん
- 鶏と野菜のポタージュうどん
- ねばねばうどん
- ほうとう風うどん
- 青のりとかつお節のおかゆ
- 鯛そぼろのおかゆ
- ブロッコリーのおかゆ

（ページ）82　85 79 89 85 86　91 86　85 163 82　94　80　83 83 172 82 83　93 175 163 89 88 93 86 176　94　79 79 80　81 81 81 82 80 82

ビタミン・ミネラル

●いちご
- クリーミーヨーグルト
- にんじんとフルーツのデリ風サラダ
- パンプディング

●ヨーグルト
- クリーミーヨーグルト
- さつまいもプラスヨーグルト
- じゃがいもの黄身和え
- にんじんとフルーツのデリ風サラダ
- ブロッコリーのカッテージチーズ和え

●納豆
- キャベツと納豆のおかか和え
- ねばねばうどん
- 野菜のミルクシチュー

●豆腐
- かぼちゃのそぼろ煮
- キャベツとひき肉のソテー
- クリームシチュー
- 大根のそぼろあんかけ
- 豆腐のお雑煮風
- 豆腐のそぼろ煮
- トマトソース
- 鶏と野菜のポタージュうどん
- 鶏肉のあんかけ
- 鶏ひき肉と野菜のミルクパンがゆ
- 肉じゃが
- ほうとう風うどん
- ほうれん草と鶏ひき肉のスープ

●鶏肉
- かぼちゃのそぼろ煮
- キャベツとひき肉のソテー
- クリームシチュー
- 大根のそぼろあんかけ
- 豆腐のお雑煮風
- 豆腐のそぼろ煮
- 鮭のチャンチャン焼き
- にんじんのとろーり和え

●チーズ
- ブロッコリーのカッテージチーズ和え
- クリスマスパンがゆ
- 白身魚のかぼちゃ和え
- ほうとう風うどん

●いんげん
- 豆腐のそぼろ煮

●かぼちゃ
- かぼちゃとしらすのみぞれ煮
- かぼちゃのそぼろ煮
- かぼちゃのりんご煮
- 白身魚のかぼちゃ和え
- クリスマスパンがゆ
- 豆腐のかぼちゃ和え
- ほうとう風うどん

●にんじん
- 豆腐のそぼろ煮

（ページ）83 92 94　90 92 88 94 94　81 88　93 94 92　81 81 83 83 84 81 162 87　174 84 163 84 163　89 87 87 174 87 89 88 90　90　80 86 83 90 88　81 85 172 163 86　87

●ほうれん草
- 鮭のほうれん草あんかけ
- クリスマスパンがゆ
- 野菜のミルクシチュー
- ブロッコリーのカッテージチーズ和え
- ほうれん草と鶏ひき肉のスープ

●ブロッコリー
- 小田巻蒸し風
- かぼちゃのそぼろ煮
- 鮭と野菜のミルク煮うどん
- 鶏ひき肉と野菜のミルクパンがゆ
- ブロッコリーのおかゆ
- ブロッコリーのカッテージチーズ和え

●バナナ
- バナナプラスきな粉
- パンプディング

●白菜
- タラと白菜の煮込み鍋
- 白菜と大根の煮物
- 白菜の卵黄煮
- ふわふわオムレツ
- ほうれん草と鶏ひき肉のスープ
- ほうとう風うどん
- 鶏と野菜のポタージュうどん
- 白菜と大根の煮物
- 味噌煮込みそうめん
- 野菜のミルクシチュー

●トマト・ミニトマト
- キャベツのトマト煮
- じゃがいものトマト煮
- ぽかぽかポトフ
- トマトソース

●玉ねぎ
- 小田巻蒸し風
- かぼちゃのそぼろ煮
- キャベツとひき肉のソテー
- クリームシチュー
- 鮭と野菜のミルク煮うどん
- 鮭のチャンチャン焼き
- じゃがいもの黄身和え
- 白身魚のふわふわ団子スープ
- トマトソース
- 肉じゃが
- ふわふわオムレツ
- ほうれん草と鶏ひき肉のスープ
- トマトソース

●大根
- 小松菜の白和え
- 大根のそぼろあんかけ
- 白身魚のふわふわ団子スープ
- 大根のそぼろあんかけ
- 白菜と大根の煮物
- 味噌煮込みそうめん

●小松菜
- クリームシチュー
- 小松菜の白和え
- 鮭と野菜のミルク煮うどん

●グリーンピース
- 豆腐とグリーンピースのサラダ

●キャベツ
- キャベツと納豆のおかか和え
- キャベツとひき肉のソテー
- キャベツのトマト煮
- キャベツのだしうどん
- 鮭と野菜のミルク煮うどん
- しらすとキャベツの野菜サラダ
- キャベツの野菜サラダ

●にんじん
- マッシュポテトのひしもち風
- 小田巻蒸し風
- キャベツとひき肉のソテー
- キャロットのパンがゆ
- クリームシチュー
- にんじんとフルーツのデリ風サラダ
- 白身魚のかぼちゃ和え
- しらすとキャベツの野菜サラダ
- じゃがいもの黄身和え
- 鮭のチャンチャン焼き
- 鯛そぼろのおかゆ
- 白身魚のふわふわ団子スープ
- タラと白菜の煮込み鍋
- 豆腐のお雑煮風
- 豆腐のそぼろ煮
- にんじんのにんじん和え
- にんじんのとろーり和え
- 鶏と野菜のポタージュうどん
- 鶏ひき肉と野菜のミルクパンがゆ
- 肉じゃが
- ほうれん草と鶏ひき肉のスープ
- ぽかぽかポトフ
- 豆腐のにんじん和え
- トマトソース

（ページ）85 172　93 90 79 83 82 163 82　83 94　90 91 85　93 80 92 81 86 92 89 87 89 92 162 83 90　84 163 82　87 163　92　81 85 172 163 82 84 82　87　175

7～8か月ごろ

- 豆腐のお雑煮風 …… 93
- 白菜の卵黄煮 …… 175
- ほうとう風うどん …… 91
- ほうれん草と鶏ひき肉のスープ …… 92
- ほうれん草のおかか煮 …… 81
- マッシュポテトのひしもち風 …… 90
- ● りんご
  - かぼちゃのりんご煮 …… 174

9～11か月ごろ

炭水化物

● オートミール
- りんごとオートミールのコンポート …… 166

● 小麦粉
- お好み焼き風パンケーキ …… 106
- かぼちゃのニョッキトマトソース …… 165
- さつまいもと玉ねぎのクリーム煮 …… 119
- タラの和風ムニエル …… 113
- ツナチーズマフィン …… 105
- 長いものおやき …… 164

● 米
- お米のポタージュ …… 166
- タラとキャベツのおかゆ …… 103
- さつまいものおかゆ …… 104
- ひな祭り3色がゆ …… 175
- 鶏肉とトマトのリゾット風 …… 103
- ミネストローネ風おかゆ …… 119

● さつまいも
- さつまいもと玉ねぎのクリーム煮 …… 122
- さつまいものスープ …… 119
- さつまいものスティックおやき …… 120
- スイートポテト …… 112

● 里いも
- おもてなしの雑煮風 …… 122
- 里いもとチーズおやき …… 174
- 里いもと野菜の煮物 …… 107
- ツナと里いものおやき …… 119
- ツナのコロッケ …… 116
- スイートポテト …… 106

● じゃがいも
- かぶと …… 176
- コロコロ根菜の煮物 …… 118
- じゃがいもとにんじんのきんぴら …… 121
- じゃがいものツナ煮 …… 116
- 雪だるまマッシュポテト …… 173

● 食パン
- アスパラガスのグラタン …… 114
- 黒ごまフレンチトースト …… 108
- コーンクリームのパンがゆ …… 104
- ツナパンがゆ …… 104
- 豆乳きな粉フレンチトースト …… 107
- パンキッシュ …… 107

● スパゲッティ
- ネバネバパスタ …… 105

● 長いも
- 長いものおやき …… 164
- ネバネバパスタ …… 116

● パン粉
- 里いものおやき …… 105

● ホットケーキミックス
- かぼちゃの蒸しパン …… 106

● マカロニ
- マカロニきな粉 …… 103
- ミネストローネ風おかゆ …… 111

たんぱく質

● カンパチ
- カンパチのとろとろ白菜煮 …… 119

● きな粉
- きな粉とあおさの卵焼き …… 110
- 豆乳ときな粉のパンがゆ …… 106
- マカロニきな粉 …… 114

● 牛乳
- アスパラガスのグラタン …… 104
- コーンクリームのパンがゆ …… 117
- 鮭とほうれん草のミルク味噌煮 …… 111
- さつまいもと玉ねぎのクリーム煮 …… 119
- スイートポテト …… 122
- そら豆のミルクスープ …… 121
- ツナチーズマフィン …… 105
- ひき肉入り卵オムレツ …… 108

● ごま
- 黒ごまフレンチトースト …… 108
- ささみの棒々鶏風サラダ …… 109
- ツナの棒々鶏風サラダ …… 106
- にんじんの白和え …… 120

● 鮭
- 鮭とほうれん草のミルク味噌煮 …… 111
- 鮭と野菜のミルクシチュー …… 117
- ふわふわ鮭のがんもどき風 …… 110

● さば水煮缶
- さばの豆腐ハンバーグ …… 111
- フィッシュチーズグラタン …… 108

● しらす干し
- お好み焼き風パンケーキ …… 106
- かぼちゃのしらすおやき …… 165

● 白身魚（鯛・タラなど）
- 白身魚のうま煮 …… 112
- 白身魚のグリーンソース …… 164
- 白身魚のポワレ野菜のスープ仕立て …… 165
- 鯛のとろとろ野菜煮込み …… 110
- タラとキャベツのおかゆ …… 103
- タラのピカタ …… 112
- タラの和風ムニエル …… 113
- ベジタラ …… 165

● そら豆
- そら豆のミルクスープ …… 121

● 卵
- お好み焼き風パンケーキ …… 106
- キャベツのコロットオムレツ …… 106
- 黒ごまフレンチトースト …… 111
- コーンクリームのパンがゆ …… 122
- さばの豆腐ハンバーグ …… 112
- スイートポテト …… 105
- タラのピカタ …… 107
- ツナチーズマフィン …… 116
- 豆乳きな粉フレンチトースト …… 117
- 納豆のやわらか卵とじ …… 107
- のり入り卵焼き …… 108
- ひき肉入り卵オムレツ …… 114

● チーズ
- アスパラガスのグラタン …… 107
- 里いもとチーズおやき …… 105
- じゃがいものツナ煮 …… 107
- ツナチーズマフィン …… 108
- パンキッシュ …… 164
- フィッシュチーズグラタン …… 114

● ツナ水煮缶
- 揚げないかぼちゃコロッケ …… 122
- アスパラガスのグラタン …… 116
- かぶのツナ和え …… 105
- じゃがいものツナ煮 …… 106
- ツナと里いものおやき …… 113
- ツナと野菜の煮物 …… 114
- ツナパンがゆ …… 104

● 豆乳
- お好み焼き風パンケーキ …… 115
- 豆乳グラタン …… 115
- 豆乳ステーキ …… 106

● 豆腐
- 里いもと野菜の煮物 …… 108
- 白菜のミルクスープ …… 117
- 鶏肉とトマトのリゾット風 …… 116
- 豆腐入り肉団子の野菜あんかけ …… 107
- 豆腐のそぼろ煮 …… 110
- 豆腐ステーキ …… 107
- 豆腐ハンバーグ …… 119
- ふわふわ鮭のがんもどき風 …… 111
- フィッシュチーズグラタン …… 109
- パンキッシュ …… 115

● 鶏肉
- おもてなしの雑煮風 …… 114
- コーンシチュー …… 115
- さつまいものスープ …… 120
- 里いもと野菜の煮物 …… 108
- 里いものコロッケ …… 108
- ささみの棒々鶏風サラダ …… 116
- 鶏肉とトマトのリゾット風 …… 114

● 生クリーム
- コーンシチュー …… 104
- 簡単レバーペースト …… 121

● 納豆
- 納豆のやわらか卵とじ …… 108
- ネバネバパスタ …… 116
- 白菜のミルクスープ …… 105
- ひき肉入り卵オムレツ …… 118

● ひよこ豆
- お米のポタージュ …… 122
- さつまいものスープ …… 166

● 豚肉
- かぶと …… 176
- 豆腐入り肉団子の野菜あんかけ …… 109
- 豆腐のそぼろ煮 …… 114
- 豚肉のトマト煮込み …… 109

● まぐろ
- ヘルシーまぐろのみぞれ煮 …… 112

● 水煮大豆
- 大豆のトマト煮 …… 114

● ヨーグルト
- かぼちゃの蒸しパン …… 105
- さつまいものヨーグルトサラダ …… 120

ビタミン・ミネラル

●あおさ・青のり
- 豆乳とあおさの卵焼き … 110

●アスパラガス
- アスパラガスのグラタン … 110

●かぶ
- かぶと … 114
- かぶのツナ和え … 176

●かぼちゃ
- 揚げないかぼちゃコロッケ … 122
- 鮭と野菜のミルクシチュー … 117
- 白身魚のポワレ野菜のスープ仕立て … 165
- かぼちゃの蒸しパン … 165
- 白菜のミルクスープ … 165
- ミネストローネ風おかゆ … 105
- かぼちゃのニョッキトマトソース … 121
- 鯛のとろとろ野菜煮込み … 103

●キャベツ
- お好み焼き風パンケーキ … 106
- キャベツのコットオムレツ … 113
- 大豆のトマト煮込み … 114
- 鯛のとろとろ野菜煮込み … 110
- ツナとキャベツのおかゆ … 103
- 白菜のミルクスープ … 113
- 164

●きゅうり
- ささみの棒々鶏風サラダ … 109
- 里いもと野菜の煮物 … 119

●しいたけ
- 鯛のとろとろ野菜煮込み … 110

●大根
- ヘルシーまぐろのみぞれ煮 … 112

●玉ねぎ
- 揚げないかぼちゃコロッケ … 164
- お好み焼き風パンケーキ … 106
- お米のポタージュ … 166
- 簡単レバーペースト … 118
- コロコロ根菜の煮物 … 118
- さつまいものスープ … 121
- 白身魚のミルクスープ … 164
- そら豆のグリーンソース … 121
- 大豆のトマト煮込み … 114
- ツナと野菜の煮物 … 113
- 豆腐グラタン … 115
- 豆腐のそぼろ煮 … 114
- 白菜のミルクスープ … 121
- ふわふわ鮭のがんもどき風 … 110

●にんじん
- 揚げないかぼちゃコロッケ … 164
- お米のポタージュ … 166
- コロコロ根菜の煮物 … 117
- 里いもと野菜の煮物 … 118
- 鮭と野菜のミルクシチュー … 117
- じゃがいもとにんじんのきんぴら … 119
- 白身魚のポワレ野菜のスープ仕立て … 165
- 白菜のミルクスープ … 110
- 鯛のとろとろ野菜煮込み … 106
- ツナと野菜の煮物 … 113
- にんじんの白和え … 120
- 白菜のミルクスープ … 121
- 豆腐ハンバーグ … 108
- 豆腐入り肉団子の野菜あんかけ … 175
- ひき肉入りオムレツ … 107
- ふわふわ鮭のがんもどき風 … 121

●なす
- 揚げないかぼちゃコロッケ … 165
- なすのトマト煮おかゆ … 103
- ほうれん草のトマト和え … 118
- ミネストローネ風おかゆ … 165

●ベジタラ
- ベジタラ … 165

●トマト・ミニトマト
- かぼちゃのニョッキトマトソース … 166
- 大豆のトマト煮 … 104
- 鶏肉とトマトのリゾット風 … 114
- 豚肉のトマト煮込み … 109
- ベジタラ … 165
- ほうれん草のトマト和え … 103
- ミネストローネ風おかゆ … 117

●とうもろこし
- お米のポタージュ … 165
- コーンクリームのパンがゆ … 104
- コーンシチュー … 117

●ブロッコリー
- コーンシチュー … 117
- 鮭と野菜のミルクシチュー … 117
- さつまいものヨーグルトサラダ … 104
- 白身魚のうま煮 … 120
- 豆腐グラタン … 115
- 白菜のミルクスープ … 120
- ひき肉入りオムレツ … 104
- 豚肉のトマト煮込み … 109
- ミネストローネ風おかゆ … 103

●ほうれん草
- おもちなしの雑煮風 … 174
- カンパチのとろとろ白菜煮 … 111
- 鮭とほうれん草のミルク味噌煮 … 111
- さつまいもと玉ねぎのクリーム煮 … 119
- 白身魚のグリーンソース … 164
- 豆腐ステーキ … 115
- 鶏肉とトマトのリゾット風 … 104
- パンキッシュ … 107
- ひな祭り3色がゆ … 175
- ほうれん草のとろとろ白菜煮 … 111
- ほうれん草の磯辺和え … 108
- ほうれん草のトマト和え … 109
- 103

●みかん
- みかんサラダ … 120

●りんご
- りんごとオートミールのコンポート … 120

●レーズン
- さつまいものヨーグルトサラダ … 166

●れんこん
- かぶと … 176

●ピーマン
- ベジタラ … 165

●パプリカ
- みかんサラダ … 122

●バナナ
- さつまいものスティックおやき … 120
- みかんサラダ … 119

●白菜
- カンパチのとろとろ白菜煮 … 121
- 豆腐入り肉団子の野菜あんかけ … 109
- 白菜のミルクスープ … 111

●ねぎ
- 長いものおやき … 164

●ベジタラ
- ミネストローネ風おかゆ … 103

●米粉
- コーンシチュー … 117
- 鮭と野菜のミルクシチュー … 117
- さつまいものヨーグルトサラダ … 120
- 白身魚のうま煮 … 115
- 豆腐グラタン … 121
- 白菜のミルクスープ … 120
- ひき肉入りオムレツ … 104
- 豚肉のトマト煮込み … 109
- ミネストローネ風おかゆ … 108
- 103

1歳～1歳6か月ごろ

炭水化物

●米
- いろどりチャーハン … 131

●小麦粉
- 小松菜餃子 … 135
- ぱくぱく棒餃子 … 147
- スティックお好み焼き … 135
- 大根おやき … 138
- 鶏肉ののり風味ピカタ … 167
- 納豆と野菜のおやき … 166

●餃子の皮
- 餃子の皮 … 139
- 167

●米粉
- 大根おやき … 145
- 中華味のおじや … 175
- 鶏肉とトマトのリゾット … 131
- 鶏の中華丼 … 132
- なすと鶏肉丼 … 132
- ひな寿司 … 132
- 167

たんぱく質

●かつお節
- 大根おやき … 167

●かじき
- かじきのチーズ焼き … 143

●マカロニ
- 鮭とブロッコリーのマカロニグラタン … 149
- 鮭とポテトの豆乳グラタン … 141
- マカロニタルタルサラダ … 137

●ホットケーキミックス
- コーンパンケーキ … 171
- 誕生日ケーキ … 134

●パン粉
- ロール白菜 … 148
- 鮭とポテトの豆乳グラタン … 141
- ブロッコリーとパン粉のチーズ和え … 140

●食パン
- こいのぼりサンドイッチ … 134
- サーモンピザ … 133
- 食パンでピザ … 133
- のりじゃこトースト … 134
- 177

●スパゲッティ
- 小松菜としらすのつぶつぶパスタ … 134

●じゃがいも
- 鮭とポテトの豆乳グラタン … 135
- じゃがいもとポテトのマヨネーズおやき … 174
- トマトの具だくさんスープ … 149
- 鶏レバーと野菜のコロッケ … 150
- ミニトマトのオーブン焼き … 149
- モッチモチのじゃがいももっち … 133

●里いも
- 里いものトマト風味グラタン … 136
- 141

●さつまいも
- アップルポテトチーズ … 173
- 大豆と野菜の煮物 … 138
- 鶏とさつまいもの重ね焼き … 148
- パクっとクリスマスツリー … 149

●米粉
- ほうれん草のグラタン … 175

1歳～1歳6か月ごろ

●牛乳
- かぼちゃとレーズンのおやき … 150
- コーンパンケーキ … 134
- 鮭とブロッコリーのマカロニグラタン … 137
- 里いものトマト風味グラタン … 146
- 誕生日ケーキ … 138
- トマト卵ココット … 142
- 鶏肉のり風味焼き … 139
- 豆腐コーングラタン … 139

●高野豆腐
- 高野豆腐とにんじんの含め煮 … 144

●鮭
- サーモンピザ … 134
- 鮭と豆腐の味噌蒸し … 141
- 鮭とブロッコリーのマカロニグラタン … 137
- 鮭とポテトの豆乳グラタン … 141
- 鮭のおろし煮 … 141
- 鮭のけんちん蒸し … 140

●さば水煮缶
- さばと豆腐のハンバーグ … 143
- 骨まで食べるさばカレー … 136

●しらす干し
- いろどりチャーハン … 131
- 小松菜としらすのつぶつぶパスタ … 143
- スティックお好み焼き … 166
- 大豆つくね … 145
- のりじゃこトースト … 133
- はんぺん団子 … 147

●白身魚（鯛など）
- 魚のもっちり焼きつくね … 144
- 鯛のプチホイル焼き … 143

●そら豆
- モチモチおやき … 135

●卵
- モチモチおやき … 131
- いろどりチャーハン … 143
- さばと豆腐のハンバーグ … 166
- スティックお好み焼き … 146
- 茶碗蒸し … 146
- 豆腐炒り卵 … 138
- トマト卵ココット … 131
- なすと鶏肉丼 … 144
- にんじんメインのふんわり卵 … 137
- ふわふわキャベツのお好み焼き … 135
- ほうれん草入り卵焼き … 168

●チーズ
- ほうれん草のキッシュ … 142
- マカロニタルタルサラダ … 149
- まぐろのつみれ … 167
- まぐろのピカタ … 142
- レバーin卵野菜ソース … 139
- ロール白菜 … 140
- アップルポテトチーズ … 149
- かじきのチーズ焼き … 143
- 冬瓜と鶏団子のスープ … 145
- トマトの具だくさんスープ … 134
- 鶏とさつまいもの重ね焼き … 134
- じゃがいものマヨネーズおやき … 133
- 鯛のプチホイル焼き … 136
- 大豆つくね … 133
- サーモンピザ … 145
- 里いものトマト風味グラタン … 143
- 小松菜としらすのつぶつぶパスタ … 137
- 鮭とブロッコリーのマカロニグラタン … 146
- 鶏肉とトマトのリゾット … 132
- 豆腐のコーングラタン … 138
- トマト卵ココット … 133
- 鶏肉とトマトのリゾット … 148
- のりじゃこトースト … 135
- 白菜のチーズ和え … 145
- ふわふわキャベツのお好み焼き … 135

●ツナ水煮缶
- 高野豆腐とにんじんの含め煮 … 144
- ほうれん草のお好み焼き … 133
- ミニトマトのオーブン焼き … 149

●豆乳
- 鮭とポテトの豆乳グラタン … 141
- ほうれん草の豆乳グラタン … 145

●豆腐
- 鮭と豆腐の味噌蒸し … 141
- 鮭のけんちん蒸し … 140
- さばと豆腐のハンバーグ … 143
- 豆腐のコーングラタン … 132
- 豆腐あんかけ … 136
- 豆腐炒り卵 … 137
- にんじん豆腐のふんわり卵 … 140
- ぱくぱく棒餃子 … 144
- ふわふわキャベツのお好み焼き … 135
- ほうれん草のグラタン … 145
- まぐろのつみれ … 167
- モチモチおやき … 135
- レバーinハンバーグ … 139

●鶏肉
- ロール白菜 … 140
- かぼちゃのおやき … 166
- さばと豆腐のハンバーグ … 143
- 大根おやき … 137
- 大豆つくね … 145
- チキンソース … 168
- 茶碗蒸し … 146
- 冬瓜と鶏団子のスープ … 136
- トマトの具だくさんスープ … 150
- 鶏とさつまいもの重ね焼き … 132
- 鶏肉とトマトのリゾット … 138
- 鶏の中華丼 … 135
- 鶏肉のり風味ピカタ … 146
- 鶏レバーと野菜のコロッケ … 132
- 鶏の中華丼 … 167
- なすと鶏肉丼 … 131
- にんじんメインのハンバーグ … 137
- ひな寿司 … 139
- ラタトゥイユ … 139
- レバーinハンバーグ … 140
- レバーin卵野菜ソース … 139
- ロール白菜 … 140

●納豆
- 納豆と野菜のおやき … 135

●生クリーム
- 里いものトマト風味グラタン … 136

●麩
- はんぺん団子 … 147

●はんぺん
- 茶碗蒸し … 146

●豚肉
- 甘口肉みそ … 139
- いろどりチャーハン … 138
- 小松菜餃子 … 140
- 豆腐の豚肉あんかけ … 166
- なすと豚肉の炒めもの … 167
- ぱくぱく棒餃子 … 131
- 中華味のおじや … 168

●ベーコン
- 中華味のおじや … 142
- ほうれん草のキッシュ … 132

●まぐろ
- まぐろのつみれ … 142
- まぐろのピカタ … 142
- ほうれん草のキッシュ … 167

●水煮大豆
- 大豆つくね … 148
- 大豆と野菜の煮物 … 145

ビタミン・ミネラル

●青のり
- 大豆つくね … 133
- 鶏肉のり風味ピカタ … 138
- のりじゃこトースト … 145

●いちご
- 誕生日ケーキ … 171

●いんげん
- かぼちゃの茶巾かぶらあん … 140
- 鮭のけんちん蒸し … 147

●枝豆
- 枝豆のポタージュ … 150

●えのきだけ
- 鮭のけんちん蒸し … 139

●オクラ
- トマトの具だくさんスープ … 147

●カリフラワー
- レバーin卵野菜ソース … 139

●かぶ
- かぼちゃの茶巾かぶらあん … 147

●かぼちゃ
- かぼちゃとレーズンのおやき … 142
- かぼちゃのおやき … 135
- かぼちゃのチーズ焼き … 147
- かぼちゃのチーズ巾かぶらあん … 150
- かぼちゃの茶巾かぶらあん … 166
- 141
- 147

●キウイ
- こいのぼりサンドイッチ … 177

●キャベツ
- キャベツのおひたし … 142
- 鮭と豆腐の味噌蒸し … 140
- スティックお好み焼き … 167
- トマトの具だくさんスープ … 134
- ぱくぱく棒餃子 … 167
- はんぺん団子 … 147
- ふわふわキャベツのお好み焼き … 150

●小松菜
- 小松菜餃子 … 142
- 小松菜としらすのつぶつぶパスタ … 135
- 大根おやき … 147
- まぐろのピカタ … 150
- 豆腐の豚肉あんかけ … 166

●ヨーグルト
- こいのぼりサンドイッチ … 148
- 誕生日ケーキ … 171
- 白菜のチーズ和え … 177

食材別索引（野菜・肉・魚）

● しいたけ
鮭のけんちん蒸し … 167

● ズッキーニ
ラタトゥイユ … 138

● 大根
鮭のおろし煮 … 131
大根おやき … 132
鶏レバーと野菜のコロッケ … 168
まぐろのみぞれ煮 … 168

● 玉ねぎ
甘口肉みそ … 168
枝豆のお好み焼き … 149
かぼちゃのポタージュ … 132
豆腐のコーングラタン … 150
マカロニタルタルサラダ … 146
チキンソース … 168
トマト卵ココット … 143
トマトの具だくさんスープ … 149
鶏肉とトマトのリゾット … 137
ミニトマトのオーブン焼き … 166
ラタトゥイユ … 136

● トマト・ミニトマト
鯛のプチホイル焼き … 140
チキンソース … 139
トマトの具だくさんスープ … 168
鶏肉とトマトのリゾット … 167
トマトと卵のリゾット … 136
骨まで食べるさばカレー … 142
まぐろのつみれ … 132
ラタトゥイユ … 138
レバーinハンバーグ … 136
ロール白菜 … 136

● とうもろこし
冬瓜と鶏団子のスープ … 168
スティックお好み焼き … 145
豆腐のコーングラタン … 133
マカロニのコーングラタン … 166

● 冬瓜
冬瓜と鶏団子のスープ … 150
ロール白菜 … 168

● なす
甘口肉みそ … 142
中華味のおじや … 167
なすと豚肉の炒めもの … 167
なすと鶏肉丼 … 141

● ニラ
大根おやき … 140

● にんじん
甘口肉みそ … 131
かぼちゃのおやき … 142
高野豆腐とにんじんの含め煮 … 149
鮭のけんちん蒸し … 148
里いものトマト風味グラタン … 132
じゃがいものマヨネーズおやき … 136
大豆と野菜の煮物 … 137
大根おやき … 132
チキンソース … 133
鶏肉とトマトのリゾット … 168
鶏の中華丼 … 140
茶碗蒸し … 166
納豆と野菜のおやき … 133
鶏レバーと野菜のコロッケ … 140
なすと豚肉の炒めもの … 148
にんじんと野菜のおやき … 132
にんじん豆腐のふんわり卵 … 139
にんじんメインのハンバーグ … 142
ぱくぱく棒餃子 … 136
ひな寿司 … 168
はんぺん団子 … 135
ブロッコリーとパン粉のチーズ和え … 148
ほうれん草入り卵焼き … 175
ほうれん草のキッシュ … 140
骨まで食べるさばカレー … 137
まぐろのピカタ … 139
レバーinハンバーグ … 137

● 白菜
鶏の中華丼 … 144
白菜のチーズ和え … 135
ロール白菜 … 138
レバーinハンバーグ … 167

● パプリカ
食パンでピザ … 132
スティックお好み焼き … 146
豆腐の豚肉あんかけ … 168
ラタトゥイユ … 167

● ブロッコリー
鮭とブロッコリーのマカロニグラタン … 148
じゃがいものマヨネーズおやき … 133
鶏の中華丼 … 134
ブロッコリーとパン粉のチーズ和え … 140
マカロニタルタルサラダ … 144

● ピーマン
食パンでピザ … 166
中華味のおじや … 168

● ほうれん草
ほうれん草のグラタン … 142
ほうれん草入り卵焼き … 149
いろどりチャーハン … 131

おやつ

● れんこん
大豆つくね … 145

● りんご
アップルポテトチーズ … 150
こいのぼりサンドイッチ … 177

● レーズン
かぼちゃとレーズンのおやき … 145
ミニおにぎり … 149

（参考：サーモンピザ 142／魚のもっちり焼きつくね 173／高野豆腐とにんじんの含め煮 135／スティックお好み焼き 137／茶碗蒸し 146／豆腐のコーングラタン 144／納豆と野菜のおやき 134／豆腐とクリスマスツリー／パクっとクリスマスツリー／ほうれん草入り卵焼き／ほうれん草のキッシュ／ほうれん草のグラタン）

たんぱく質
● かつお節
ミニおにぎり … 155

炭水化物
● 小麦粉
きな粉入り蒸しパン … 153
手づかみ豆腐パンケーキ … 153
ポテトのおやき … 153

● 米粉
米粉チヂミ … 154
ミニおにぎり … 153

● 米
五平もち 味噌だれ … 155
ミニおにぎり … 155

● じゃがいも
大学いも風 … 155
さつまいも茶巾 … 154
ポテトのおやき … 153

● さつまいも
米粉チヂミ … 154
さつまいも茶巾 … 154

● 食パン
ポテトのおやき … 153
かぼちゃサラダのサンドイッチ … 154
にんじん蒸しパン … 153

● ホットケーキミックス
にんじんパンケーキクレープ風 … 154
フレンチトースト … 154

ビタミン・ミネラル
● キャベツ
かぼちゃサラダのサンドイッチ … 154

● かぼちゃ
かぼちゃサラダのサンドイッチ … 154

● 玉ねぎ
ポテトのおやき … 153

● ニラ
米粉チヂミ … 154

● にんじん
米粉チヂミ … 154
にんじんパンケーキクレープ風 … 153
にんじん蒸しパン … 154

● レーズン
さつまいも茶巾 … 155

たんぱく質
● 豆乳
手づかみ豆腐パンケーキ … 153

● 豆腐
手づかみ豆腐パンケーキ … 155
ミニおにぎり … 153

● ツナ水煮缶
かぼちゃサラダのサンドイッチ … 154

● チーズ
ポテトのおやき … 154
フレンチトースト … 154

● 卵
きな粉入り蒸しパン … 153
手づかみ豆腐パンケーキ … 153
にんじんパンケーキクレープ風 … 153
にんじん蒸しパン … 153
フレンチトースト … 154

● しらす干し
米粉チヂミ … 154
ミニおにぎり … 153

● ごま
五平もち 味噌だれ … 155
大学いも風 … 155
ミニおにぎり … 155

● 牛乳
きな粉入り蒸しパン … 153
手づかみ豆腐パンケーキ … 154
さつまいも茶巾 … 154
にんじんパンケーキクレープ風 … 153
フレンチトースト … 155
ポテトのおやき … 153

● きな粉
きな粉入り蒸しパン … 153
さつまいも茶巾 … 153
にんじんパンケーキクレープ風 … …
手づかみ豆腐パンケーキ … …

著者
株式会社ベビーカレンダー

月間1,000万人が利用する、妊娠・出産・育児情報メディア「ベビーカレンダー」を運営。専門家監修の記事や動画、離乳食レシピを多数掲載。助産師・管理栄養士に無料で相談できるサービスが人気。2018年9月、第12回キッズデザイン賞「子どもたちを産み育てやすいデザイン個人・家庭部門」の「優秀賞 少子化対策担当大臣賞」を受賞する。また、妊娠中の通院期、入院期、産後の患者様に向けたiPadを利用した情報発信サービスを、全国400以上の産院に提供。沐浴・授乳指導動画など役に立つ情報が満載。

●ベビーカレンダー公式サイト
https://baby-calendar.jp/

取材協力
田村文誉

歯科医師。昭和大学歯学部入局後、歯学博士を取得。その後、米国アラバマ大学歯学部へ留学。帰国後は日本歯科大学に入職し、講師やマタニティ歯科外来、口腔リハビリテーション科科長などを経て、現在、日本歯科大学教授。厚生労働省「授乳・離乳の支援ガイド」改定に関する研究会委員。

 監修
堤ちはる

相模女子大学栄養科学部教授。保健学博士。管理栄養士。日本女子大学大学院家政学研究科修士課程修了、東京大学大学院医学系研究科保健学専門課程修士・博士課程修了後、青葉学園短期大学専任講師、助教授、日本子ども家庭総合研究所母子保健研究部栄養担当部長を経て、現職。調理学、母子栄養学、食育関連分野を専門とし、妊産婦・乳幼児期の食育に関する研究や、講演会・研修会などの講師を務める。厚生労働省「授乳・離乳の支援ガイド」改定に関する研究会委員。

staff

レシピ協力・監修…**平沼亜由美**（管理栄養士）

レシピ提供…管理栄養士等（P185参照）
調理、スタイリング…平沼亜由美
調理アシスタント…小嶋絵美
デザイン・DTP…門松清香・杉山タカヒロ（杉山デザイン）
DTP…山本秀一・山本深雪（G-clef）
撮影…徳山喜行、対馬綾乃
本文イラスト…成瀬瞳
カバーイラスト…サタケシュンスケ
校正…飯田満枝
編集協力…細井秀美、石島隆子
撮影協力…春原充稀、荒畑志帆、小野朝登、稲垣陽菜

本書の内容に関するお問い合わせは、書名、発行年月日、該当ページを明記の上、書面、FAX、お問い合わせフォームにて、当社編集部宛にお送りください。電話によるお問い合わせはお受けしておりません。また、本書の範囲を超えるご質問等にもお答えできませんので、あらかじめご了承ください。
　FAX：03-3831-0902　　お問い合わせフォーム：http://www.shin-sei.co.jp/np/contact.html
落丁・乱丁のあった場合は、送料当社負担でお取替えいたします。当社営業部宛にお送りください。
本書の複写、複製を希望される場合は、そのつど事前に、出版者著作権管理機構（電話：03-5244-5088、FAX：03-5244-5089、e-mail：info@jcopy.or.jp）の許諾を得てください。
JCOPY ＜出版者著作権管理機構 委託出版物＞

あんしん、やさしい 最新 離乳食オールガイド

2019年 7 月15日 初版発行
2025年 1 月25日 第12刷発行

監修者　堤　ち　は　る
著　者　株式会社ベビーカレンダー
発行者　富　永　靖　弘
印刷所　株式会社新藤慶昌堂

発行所　東京都台東区　株式　新星出版社
　　　　台東2丁目24　会社
　　　　〒110-0016　☎03(3831)0743

Ⓒ Chiharu Tsutsumi, baby calendar Inc.　　Printed in Japan

ISBN978-4-405-04589-7